환자는 두 번째다

.

Patients Come 두 Second

환자는 두 번째다

폴 슈피겔만 · 브릿 베렛 지음

김인수 옮김

청년의사

환자는 두 번째다

지은이 | 폴 슈피겔만·브릿 베렛
옮긴이 | 김인수

펴낸날 | 1판 1쇄 2015년 5월 1일
　　　　1판 4쇄 2023년 12월 1일

펴낸이 | 양경철
주간 | 박재영
발행처 | ㈜청년의사
발행인 | 양경철
출판신고 | 제313-2003-305(1999년 9월 13일)
주소 | (04074) 서울시 마포구 독막로 76-1(상수동, 한주빌딩 4층)
전화 | 02-3141-9326
팩스 | 02-703-3916
전자우편 | books@docdocdoc.co.kr
홈페이지 | www.docbooks.co.kr

ISBN 978-89-91232-57-0 (03320)

- 책값은 뒤표지에 있습니다.
- 잘못 만들어진 책은 서점에서 바꿔드립니다.

부모님과 가족들에게 이 책을 바칩니다.

일러두기

1. 역주(*)는 각주 처리했습니다.

2. 본문의 이탤릭체는 원문 그대로 표기했습니다.

3. 책의 제목은 《 》로 표시하고, 신문 · 잡지 · 방송 · 영화 등의 제목은 〈 〉로 표시했습니다.

4. 정확한 의미 전달을 위해 필요한 경우 한문이나 영어를 병기했습니다.

5. 문맥상 저자가 강조한 부분은 ' ', 인용한 부분은 " "로 표시했습니다.

6. 흔히 쓰이는 보건의료 분야의 용어들 일부에 대해서는 띄어쓰기 원칙을 엄격하게 적용
   하지 않았습니다.

이 책의 제목이 뜻하는 바는?

솔직히 말해 보라. 당신은 왜 이 책을 골랐는가? 책 제목 때문인가? 그렇다면 괜찮다. 그게 우리가 의도한 바이니까. 당신은 지금쯤 '그나저나 책 제목이 뜻하는 게 뭘까?'하고 궁금해할지도 모르겠다. 웬디라는 여성으로부터 받은 메일 한 통이 그 질문을 둘러싼 토론의 장을 열어 주는 동시에 이 책을 쓴 의도를 밝히는 데 도움이 될 것이다. (웬디도 이 책을 읽고 있기를 바란다.)

폴 선생님께,

안녕하십니까. 저는 베릴 인스티튜트 컨퍼런스Beryl Institute Conference에 참석했다 돌아와 이 메일을 작성하고 있습니다. (컨퍼런스는 아주 좋았습니다!) 컨퍼런스에 참여하는 동안 선생님이 '환자는 두 번째다'라는 제목으로 책을 내신다는 얘기를 들었습니다. 컨퍼런스 참가자들 중 그 책 제목에 부정적인 의견을 표현한 사람들이 많다는 점을 선생님께서 아셨으면 합니다. 컨퍼런스에는 400명 정도의 환자경험 리더들이 참석했습니다. 대부분이 오랫동안 환자경험을 옹호하고 지지해 온 사람들입니다. 그런데 존경받고 권위 있고 유명하신 선생님 같은 분께서 "환자보다 직원이 더 중요하다." 고 하시는 말씀을 들었으니 말입니다.

제가 이렇게 글을 쓰는 이유는 선생님께 책 제목을 바꿔 달라고 당부드리기 위해서입니다. 이 책의 제목이 사람들의 관심을 잡아끌까요? 예, 그렇습니다! 하지만 선생님은 영향력 있는 리더입니다. 환자가 직원보다 우선순위에서 밀린다는 말씀을 하시면 의료계 종사자들에게 환자에 대한 자신들의 행동에 대해 책임이나 의무를 다하지 않아도 된다는 변명거리를 제공하는 셈이 됩니다. 병원 직원들은 '나도 제대로 대우받지 못하니 환자를 제대로 돌봐 줄 수 없어(돌봐 주지 않을 거야).' 라는 핑계를 대겠죠.

저는 그 책 제목이 상당히 위험하다고 생각합니다. 서평이나 인터넷 블로그에서도 괜히 부정적인 의견만 불러일으킬 거라 생각합니다. 부정적이든 긍정적이든 사람들의 입에 오르내리면 책 판매에 도움이 될 수도 있겠죠. 하지만 저는 선생님이 돈보다 정의를 추구하는 분이라고 확신합니다. 직원들이 환자들을 잘 보살피기를 바란다면 직원들을 배려하는 환경과 건강한 문화를 창조하라는 말씀에는 저도 적극 동의하는 바입니다. 그렇지만 환자가 먼저냐 직원이 먼저냐를 놓고 등수를 매길 필요는 없다고 봅니다. 책 제목을 바꾸신다 해도 책 내용에 있는 선생님 말씀의 의도나 중요성이 훼손되지는 않으리라 믿습니다.

끝까지 읽어 주셔서 감사합니다.

웬디

이에 대해 우리는 이런 답장을 보냈다.

웬디 씨에게

시간을 내서 메일을 보내 주신 데 대해 감사드립니다. 컨퍼런스가
재미있었다니 다행입니다. 직접 만나 인사할 기회를 갖지 못해 아쉽
군요. 책 제목에 대한 의견 또한 감사드리며 공동저자인 브릿에게
도 웬디 씨의 의견을 전하도록 하겠습니다. 저도 진심으로 다시 한
번 생각해 보겠습니다만 먼저 웬디 씨가 우려하는 바에 대해 몇 가
지 설명을 드리고자 합니다.

웬디 씨가 생각하신 대로 제목은 책 판매나 돈과는 아무 관련이 없
습니다. 이 책은 의료계 내부와 외부에서 행하는 관행을 바꿀 수도
있다는 메시지를 전달하기 위해 쓴 것입니다.

책 제목이 논란을 불러일으킬 수도 있겠습니다만 일단 책을 읽어 보
시면(읽어 보시기 바랍니다.) 결국에는 우리도 환자들을 위한 경험을 향
상시키자는 똑같은 의도를 지니고 있다는 사실을 알게 될 것입니다.
예전에 《직원 최우선의 원칙The Customer Comes Second》*이라는 책이 인기를
끈 적이 있었습니다. 그때도 책 제목으로 인해 비슷한 반응이 나타
날 수도 있었지만 그 책은 비즈니스업계 사람들에게 진심으로 중요
한 것이 무엇인지를 알려 주는 역할을 똑똑히 했습니다. 현실을 보
세요. 대부분의 회사에서 직원들은 이류 시민 취급을 받습니다. 직

---

* 이창식 옮김, 예지, 2004.

원들이 이류 시민이라면 그런 사람들이 고객에게 잘 대해 줄 거라 어떻게 기대할 수 있겠습니까? 의료계 종사자들도 마찬가지입니다. 의료계에서도, 환자 한 명 한 명에게 훌륭한 경험을 전달해 줄 수 있는 모델이 필요합니다. 누가 더 중요한지 순위의 문제가 아니라 성공의 선행지표와 후행지표에 관한 문제인 것입니다. 이러한 점에서, 충성도가 가장 높은 고객(혹은 환자)을 보유하고 큰 성공을 거둔 조직들은 직원들의 적극적이고 자발적인 참여라는 내부 문화에 먼저 집중했다고 저는 굳게 믿고 있습니다. (그리고 이를 뒷받침하는 자료들도 많아지고 있고요.) 이러한 참여의 문화에서는 리더가 자기 사람들의 성장과 발전에 관해 진정으로 흥미와 관심을 보입니다. 그렇게 한다면 직원들이 더 막중한 책임감을 느꼈으면 느꼈지 일을 소홀히 하는 변명거리로 삼는 일은 없을 것입니다.

이 책을 읽어 보면, 로스앤젤레스 UCLA 헬스시스템UCLA Health System의 최고경영자인 데이비드 파인버그David Feinberg 박사와 저 사이에 논쟁이 끊이지 않는다는 점을 알게 될 것입니다. 파인버그 박사는 직원 각자가 찾아오는 환자에게만 집중한다면 모두가 즐겁게 지낼 수 있을 거라 확신합니다. 파인버그 박사의 생각이 옳을 수도 있겠지만, 저는 우리 스스로 느끼는 기분이 좋아지면 좋아질수록 다른 사람들에게도 더 잘할 수 있다고 믿습니다.

우리 의료업계에도 어느 정도의 충격이 필요합니다. 저는 이 책이 (제목과 관계없이) 의료업계에서 내부 문화를 향상시킬 수 있는 건강한 대화와 행동의 장을 활성화시키기를 바랍니다. 그만큼 절실하게 필요한 일이기 때문입니다.

웬디 씨의 관심에 다시 한번 감사드립니다. 웬디 씨와 제가 이미 대화의 불씨를 지핀 것 같군요. 웬디 씨가 의료업계를 위해 해 오신 모든 일들에 대해 감사드립니다.

폴

 이미 이 책을 읽고 있는 당신은 우리가 책 제목을 바꿔 달라는 웬디의 제안을 받아들이지 않고 직감에 따라 원래대로 제목을 고수하기로 했다는 점을 알고 있을 것이다. 왜? 웬디가 반대했던 바로 그 이유와 똑같은 이유 때문이다. 이 책의 제목은 논란의 여지가 있고 직설적인 데다가 불쾌감을 불러일으킬 수도 있다. 바로 그거다. 우리 의료업계에 변화의 바람을 일으키기 위해서 필요한 것이 바로 그것이다. 의료계의 뺨을 크게 철썩 내리칠 수 있는 무언가가 필요하다. 그래야 정신을 차리고 팀에 집중해야 한다는 책임감을 받아들이기 시작하면서 환자들의 건강한 삶을 지켜 줄 수 있다. 우리는 더 나은 환자경험을 전달하기 위해 마음을 터놓고 솔직하게 대화를 나눠야 한다. 그리고 그 일은 실무를 담당하는 팀에서부터 시작되어야 한다.

 다시 한번 분명히 말씀드린다. 이 문제를 솔직하게 따지고자 하는 건 돈 때문이 아니다. 의료업계에 대대적인 변화를 불러올 수 있도록 토론의 장에 불을 지피고자 하는 것이 우리의 의도다. 혹시라도 여러분 중에 우리가 환자를 무시해도 좋다고 말한다고 받아들이는 사람이 있다면, 이 책을 읽는 동안 그런 생각을 떨쳐 버리게될 것이다.

웬디는 책임감 회피라는 흥미로운 논제를 제기했다. 그러나 '물론 말로는 쉽지, 하지만 윗사람은 이런 거 절대 지지하지 않을 거야.'라거나 '나도 그런 거 다 하고 싶지만 인사부에서는 이해를 못 한다니까.' 또는 심지어 '난 공공조직에서 일하니까 그렇게 할 수 없어.' 같은 말들은, 우리에겐 궁색한 변명처럼 들릴 뿐이다. 팀이 제 기능을 하지 못해 환자에게 우수한 서비스를 제공할 수 없다고 말하는 사람이라면 처음으로 다시 돌아갈 필요가 있다. 기존 팀에 변화를 가하거나 아니면 아예 다른 팀을 구성하라. 현재의 자원을 새로운 방향으로 이끌거나 재교육시켜라. 아니면 새로운 자원을 끌어들여라. 기존 전략을 수정하든지 새로운 전략을 구상하라. 한 사람을 바꾸고, 두 사람을 바꾸고……리드하는 방식을 바꿔라! 그렇지 않고 어떻게 환자를 제대로, 본연의 의무에 충실한 방식대로 돌볼 수 있기를 기대할 수 있겠는가?

우리의 경험으로 볼 때, 의료업계 종사자들 대부분이 환자경험을 향상시키고 싶어 한다. 그들이 이 분야에 몸담은 가장 큰 이유가 그 때문이기도 하다. 하지만 늘 그렇게 최선을 다해 행동하기가 쉽지만은 않다. 펜실베이니아 주 앨런스타운에 있는 리하이밸리 헬스 시스템Lehigh Valley Health System의 최고경영자 론 스윈파드Ron Swinfard는 우리에게 격정적인 어조로 이렇게 말했다.

저는 연방정부나 주정부가 이래라 저래라 귀찮게 간섭하는 일에 대해선 털끝만큼도 신경 쓰지 않습니다. 우리 의료기관들이 서로를 신경 쓰고 환자를 신경 쓰기만 한다면 성공을 거둘 것입니다.

전적으로 동의하는 바이다! 의료기관들은 환자에게 마음을 쓰고 서로서로 관심을 가져야 한다. 그래야만 우리 의료시스템이 요구하고 필요로 하는 변화를 볼 수 있다. 의료업계에서 전문성과 학식을 갖춘 몇몇 사람들에게는 이 말이 어쩌면 편견으로 받아들여질지도 모르겠지만 그럼에도 우리는 그렇게 생각한다. 이제 알겠는가? 이 책을 쓰면서 우리는, 대화를 활성화시키고 양측의 주장에 대한 사람들의 뜨거운 관심을 촉발시키고자 노력했다.

자, 이제 당신의 궁금증이 높아졌다면, 아니 그저 우리 생각이 잘못되었다는 점을 짚어 내서 항의 메일이라도 작성하고 싶은 마음이 들었더라도 이 책을 읽어 보기 바란다. 그런 다음 열띤 논쟁의 장이 펼쳐지기를 고대하겠다!

CHAPTER 01

무엇이 가장 중요한가?

미국이 전 세계를 통틀어 가장 우수한 의료전달체계^{health care delivery system}를 갖추고 있다는 데는 의심의 여지가 없다. 하지만 늘 최상의 서비스를 제공한다고 할 수만은 없을 듯하다. 특히 환자의 입장에서는.

다음 이야기를 한번 살펴보자. 폴이라는 중년의 남편이 있었다. 그는 (죄책감 때문이라고는 하지 않겠지만) 정관수술을 받는 게 좋겠다고 마음을 먹었다. 자, 정관수술을 받는다는 말은 담당 의사가 환자의 매우 사적이고 은밀한 부분을 들여다보게 된다는 뜻이다. 또한 환자 입장에서는 당연히 의사가 작은 실수라도 저지르지 않기만을 바란다. 그래서 폴은 정관수술 분야에서 가장 뛰어난 비뇨기과 전문의사를 찾기 위해 동료와 친구들에게 이리저리 정보를 수소문하고 다녔다. 여기저기 얘기를 들어 보니 많은 사람들이 똑같은 의사를 추천하고 있었다. 그 지역 병원에서 수술을 담당한다는 어떤 의사였다. 하나같이 '그 의사가 최고'라며 엄지를 치켜세웠다. 폴은 그 의사와 진찰 예약을 했다.

그 의사 — 이제부터 '길레스피' 박사라고 하자 — 를 만나기 위해 예약 시간에 맞춰 병원을 처음 방문한 폴은 대기실에서 거의 두 시간 동안 앉아 있어야 했다. 하염없이 기다리는 동안 폴에게 다가와 알은척하는 사람도 전혀 없었다. 긴 기다림 끝에 마침내 진료실에 들어가자 진료보조원이 오더니 앞으로의 진행 상황에 대해 설명을 해 주었다. "금방이에요. 쓱싹하면 끝납니다." 진료보조원이 폴에게 말했다. "다음 달에 수술 일정 잡아 드릴게요."

"어, 잠깐만요." 폴이 말했다. "아무리 그래도 의사선생님은 만나 봐야 하는 거 아닙니까?"

"아뇨, 안 만나셔도 돼요." 진료보조원은 수술 날짜가 적힌 종이 한 장을 폴에게 건네며 말했다. "그런 수술은 수천 번도 넘게 해 보셨거든요. 환자분께서는 전혀 걱정하지 않으셔도 됩니다." 진료실을 나와 차로 향하던 폴은 손에 들고 있던 종이를 바라보다가 확 구겨서 휴지통에 던져 버렸다. 그러고는 자기 얼굴을 손가락으로 가리키며 혼자 중얼거렸다. "얼굴도 보지 않고 내 아랫도리에 칼을 대겠다면 그건 의사의 도리가 아니지."

몇 달 후, 정관수술은 어떻게 됐냐며 (바가지를 긁는 게 아니라) 묻는 아내 때문에 폴은 다시 오랜 친구에게 연락을 취했다. 그 친구 — '브릿'이라고 하자 — 는 그 지역의 다른 병원을 경영하는 사람이었다. 폴이 브릿에게 자신의 난처한 상황에 대해 얘기하자 브릿은 자기가 소개해 주는 다른 의사 — 편의상 '스포크' 박사 — 를 만나 보라고 권유했다. 폴은 썩 마음이 내키지는 않았지만 친구 브릿의 조언에 따라 스포크 박사에게 전화해 예약을 잡았다.

그런데 이번엔 달랐다. 병원에서는 유튜브에 정관수술의 위험 요인을 설명하는 동영상이 있으니 10분짜리 영상 세 편을 먼저 보고 나서 병원에 올 것을 권했다. 마음의 준비를 갖추고 나서 병원을 방문하라는 뜻이었다. 예약 당일, 스포크 박사는 진료실이 아닌 상담실에서 폴을 맞이했다. 폴은 마음이 한결 가벼워지는 걸 느꼈다.

"혹시 영상은 보셨나요?" 스포크 박사가 물었다.

폴은 고개를 끄덕였다.

"그러면 동영상 내용이나 수술에 관해서 궁금하신 점이 있습니까?" 스포크 박사가 다시 물었다. 스포크 박사는 폴이 궁금해하는 점들에 대해 일일이 대답을 해 주고 나서야 진료를 시작했다. 진료는 5분 만에 무난하게 끝났다. 폴의 입장에서는 스포크 박사의 일거수일투족 말 한마디 한마디에 신뢰를 느낄 수밖에 없었다. 이번에는 수술 일정이 적힌 종이를 버리지 않고 집에 들고 와 냉장고에 붙여 놓았다.

만족과 감격은 거기서 끝나지 않았다. 성공적인 수술 결과를 안고 집에 돌아온 폴은 자신의 퇴원을 도와준 간호사에게서 편지 한 통을 받았다. 그 간호사가 손으로 직접 쓴 편지에는 수술 후 예후가 좋은지 확인하는 내용이 들어 있었다. 이는 스포크 박사와 그의 팀 전체가 처음부터 끝까지 존중심을 갖고 폴을 대했다는 뜻이며, 폴은 그 점에 대해 이루 말할 수 없는 고마움을 느꼈다. 특히 길레스피 박사의 진료실에서 겪었던 일을 떠올리면 더욱 그랬다. 혹시 다음에 친구나 동료가 정관수술에 관해 폴에게 조언을 구한다면 폴은 어느 의사를 추천할까?

정말 중요한 것이 무엇인지 재조명하기

정관수술 이야기가 뜬금없다고 생각하는 독자들을 위해 설명을 덧붙이자면, 이 이야기에 등장하는 폴과 브릿은 실제 인물이다. 게다가 이 책의 저자이기도 하다. 물론 의사 이름은 가명을 사용했지만, 이 이야기 자체는 실제로 있었던 일이며 그 속에는 사람들이 마음에 새겨야 할 중요한 사실 한 가지가 들어 있다. 즉, 의료업계에서 이른바 환자경험patient experience에 대한 관심이 부족한 경우가 비일비재하다는 사실이다.

그런데 '환자경험'이라는 말이 도대체 무슨 뜻인가? 환자경험 전문가들은 베릴 인스티튜트Beryl Institute의 후원 아래 전국적으로 실시한 조사 결과를 토대로 다음과 같이 정의했다. 환자경험이란 "한 조직의 문화에 의해 형성되는 것으로, 일련의 진료 과정을 통틀어 환자의 심리와 감정에 영향을 끼치는 모든 상호작용"이다. 좀 더 쉽게 설명하자면, 병원에 다녀온 사람이 자신의 배우자에게 이야기하는 내용이 환자경험이라고 보면 된다. 수술을 받은 뒤에 집에 돌아와서 '와, 이렇게 깔끔하게 봉합한 건 처음 봐!' 또는 '좋았어, 병원에서 실수 없이 좌측 콩팥을 제거했네!'라고 말하는 사람은 아무도 없다. 그보다는 병원에서 자신을 돌봐 줬던 사람들, 입원에서 수술 및 퇴원까지 모든 절차를 진행하고 도와준 사람들, 접수원에서 간호사와 의사에 이르기까지 병원에서 만난 모든 사람들에 관해 이야기한다. 그리고 이런 이야깃거리는 가족이라는 울타리 안에만 머무르지 않는다. 자신의 경험을 친구와 동료들과 대화하면서 나누기도 하고 페이스북이나 트위터를 통해 여러 사람들에게 알리기도 한다.

환자경험이 무엇인지 설명해 달라는 부탁을 받은 로스앤젤레스 굿 사마리탄 병원Good Samaritan Hospital의 최고경영자 앤디 리카Andy Leeka는 이렇게 설명한다.

의료계에서도 환자경험에 대해 이거다 저거다 설명도 많고 표현하는 용어나 약어도 다양합니다. 그중 하나가 '환자 중심의 진료'인데, 의사가 치료 방법을 선택하고 결정하는 과정에 환자와 그 가족들이 참여한다는 뜻입니다. 하지만 접수계 직원이나 검사실에서 일하는 채혈 담당자 또는 환자운반 담당 직원에게 이게 무슨 의미가 있을까요? 그렇기 때문에 그 팀의 구성원 모두가 목표를 이해하고 그 목표를 달성하기 위한 권한을 가질 수 있도록 리더가 모두에게 알기 쉽게 설명해 주는 게 중요합니다. 간단히 요약하자면, '환자 중심의 진료'란 결국 환자가 병원에서 원하는 진료 방식이라고 할 수 있죠.

환자는 자신에 대한 통제권을 어느 정도 병원에 내줄 수밖에 없습니다. 자신이 앞으로 어떤 절차를 거치게 될지 정확히 다 알지 못하는 상황인데도 병원의 지시대로 따른다거나 평상복을 벗고 뒤가 훤히 드러나는 헐렁한 환자복을 입는 것은 환자 입장에서는 무언가를 포기하는 겁니다. 그 시점에 환자는 정서적으로 취약한 상태에 놓이면서 한 가지에 의존하게 됩니다. 바로 믿음이죠. 병원 사람들이 유능하고 실력 있다는 믿음, 자신을 진심으로 생각해 준다는 믿음, 자신을 치료할 준비와 능력을 갖추었다는 믿음, 모든 걸 솔직하게 얘기해 줄 거라는 믿음입니다. 잠깐 만났을 뿐인데도 환자는 그 사람들을 믿고 의지합니다. 환자는 긴장과 불안을 느낍니다. 병원은 놀이동산이 아닙니다. 즐거운 마음으로 놀러 온 것이 아니죠. 병을 치료하기 위해, 아이를 낳기 위해, 진단검사를 받기 위해 그리고 궁극적으로는 정상적이고 건강한 일상으로 돌아가기 위해 병원에 오는 겁니다. 우리는 가장 좋은 방법을 선택하고 배려와 연민, 친절을 다해 환자를 도와야 할 책임이 있습니다. 마치 자기 부모님에게 하듯이 말이죠.

이 설명에 딱 들어맞는 사례가 하나 있다. 우리 친구이자 아칸소 포트스미스에 있는 스파크스 헬스시스템Sparks Health System의 최고경영자 멜로디 트림블Melody Trimble은 자기 병원 인사부장에게서 들었던 얘기를 우리에게 들려주었다.

몇 주 전에 복도에서 어느 남자 환자와 얘기를 나누고 있었는데 그 분이 제게 병원 바닥을 보고 기분이 좋아졌다는 말씀을 하시는 겁니다. 그러더니 바로 이어서 다른 병동에서 겪었던 기분 나쁜 일에 대해서도 말씀을 하시더라고요. 말이 하도 오락가락해서 도대체 언제가 좋았고 언제가 나빴다는 건지 처음엔 이해를 못 하겠더군요. 얘기를 계속 나누다 보니까 나쁜 경험은 한 2년 전에, 좋은 경험은 그날 당일에 일어났다는 걸 알게 됐습니다. 그런데 환자분은 둘 다 마치 같은 날 일어났던 것처럼 말씀하시는 거예요.

그때 이런 생각이 들었습니다. 환자경험이란 것이 환자가 뭔가를 느낄 때 그 순간순간마다 시작되는 것이구나. 예를 들면, 잠재적 환자가 다른 사람에게서 우리 병원에 관해 어떤 얘기를 들었을 때 또는 병원에 예약 전화를 거는 순간부터 환자경험이 시작될 수 있다는 말이죠. 그런데 그 환자경험이라는 것이 단순한 시간 선상에서 일어나는 별개의 경험이 아니기 때문에 그때 그 경험 하나로 끝나지 않는다는 사실입니다. 우리네 병원 종사자들은 환자경험을 일직선상에서 일어나는 각각의 사건으로 보곤 합니다. 그래야 우리 일을 파악하는 데 도움이 되니까요. 하지만 환자들은 환자경험을 개별적으로 보지 않습니다. 자신들 삶을 엮고 있는 거미줄의 일부로 보죠. 이런 시각은 의료계에서 일하는 우리들에게 아주 긍정적일 수도 있고 아주 부정적일 수도 있습니다. 우리 역시 환자의 거미줄에 얽힌 일부이기 때문에, 우리가 환자경험을 제대로만 이해한다면 스파크스 헬스시스템은 발전할 수 있는 거고, 제대로 이해하지 못한다면 그때는…….

정곡을 찌르는 말이다. 솔직히 얘기해서, 병원에 의사를 만나러 가는 일에 순위를 매긴다면 어떻게 될까. 자녀들과 함께 영화 〈라이온 킹The Lion King〉 천 번 시청하기와 장모님 댁 방문하기 사이 정도에 들어간다고 생각하는 사람들이 대부분일 것이다. (오해는 마십시오. 전 장모님 뵙는 게 즐겁습니다!) 하지만 환자와 관계를 구축한다는 말은 의료인들이 환자와 서로 주고받는 모든 작용이 정말로 중요하다는 뜻이다.

환자들은 의료진과 대화하면서 긴장하고 흥분한다. 자신의 취약성을 여실히 드러낸다고 생각하기 때문이다. 이런 심정을 고려할 때, 감사 편지는 둘째 치고, 누군가 다가와 인사를 건넨다거나 짬을 내서 자신의 안위를 걱정해 주는 것만으로도 환자는 실제 치료를 받는 것 이상으로 좋은 경험을 지니게 된다. 여기에 들어 있는 역설적 상황을 잊지 말아야 한다. 의료업계는 아무도 손님으로 오고 싶어 하지 않는 비즈니스다!

이제 환자경험은 임상적 결과에 머무르지 않고 의사 사무실과 병원 시설을 벗어나 진료 전 평가, 그리고 진료 후 전화나 진단으로까지 범위를 확대해 가고 있는 게 사실이다. 하지만 신빙성 있는 조사에 따르면, 보통 사람은 17년에 한 번꼴로 병원에 입원하고 3년에 한 번꼴로 응급실을 찾는다고 한다. 즉, 환자경험을 제대로 이해하고 활용할 수 있는 기회가 적다는 말이다.

이제 의료계 리더들은 환자들에게 훌륭한 경험을 전달하기 위해 자신들이 미치는 영향에 대해 다각도로 신경 쓸 수밖에 없다. 환자와 상호작용하는 방법을 하나도 빠짐없이 확인해 봐야만 한다. 그렇지 않고 앞에서 언급했던 '길레스피 박사'처럼 정이 가지 않는, 오늘날 흔히 볼 수 있는 의사가 계속 존재한다면 그 의사는 물론 병원과 전체 의료계 종사자들의 경쟁력에 마이너스로 작용할 수 있다. 특히 하루가 다르게 변하는 의료시장을 생각하면 더욱 그럴 수밖에 없다. 한때 환자가 찾을 수 있는 의료진이 많지 않을 때에는 환자의 선택권이 제한되어 있었다. 그때는 '세우고 짓기만 하면 환자들이 알아서 찾아오는 게' 가능했다. 이제는 게임의 판도가 달라져 환자가 선택하는 시대가 왔다. 오늘날 댈러스—포트워스Dallas—Fort Worth 지역만 해도, 급성기 이후 재택 건강관리 기관과 전문적인 간호 및 재활센터를 비롯해 틈새 분야의 전문성을 제공하는 의료기관이 2,300여 개에 달한다. 그리고 이제 선택의 폭이 넓어진 환자들은 이를 적극 활용한다. 좋은 의료보험을 구입하는 사람들이 점점 많아지면서 환자들은 자유롭게 의료진을 선택한다.

뉴욕 장로병원New York Presbyterian Hospital의 책임자 밥 켈리Bob Kelly는 의료 서비스 선택권의 확대를 큰 이유로 꼽는다.

> 의료서비스에 대한 수요는 일종의 진화를 거치고 있는데 아무도 그에 발맞춰 나가지 못하고 있습니다. 그래서 사람들이 바뀌고 있는 거죠. 변화에는 여러 이유가 있겠지만 대체적으로는 그럴 수밖에 없기 때문 입니다. 이제는 모든 사람들이 바꿀 수밖에 없다고 생각하는 듯합니다. 과거에 우리가 배웠던 것들, 우리가 행했던 것들은 더 이상 통하지 않 습니다. 현재 의료 모델은 이런 식이죠. 누군가 병에 걸린다. 병원에 와 서 의사를 만나고 의사는 그 환자를 보살펴 준다. 의사는 환자에게 후 속 검사를 받으라고 말은 하지만 환자가 검사를 받는지 안 받는지 알 지 못한 채 보내 준다. 집에 돌아간 사람은 건강하게 지낼 수도 있지만 또다시 병에 걸릴 수도 있다. 그리고 또 똑같은 과정이 반복된다. 제 생 각엔 사람들이 근본적으로 이런 걸 더 이상 훌륭한 시스템으로 생각하 지는 않는 것 같습니다.

종종 변화는 강제성이 개입할 때 발생한다는 사실에 동의한다. 그 강제력은 환경에서 나오기도 하지만, 가장 거대하고 강력한 영향력을 지닌 주체로 떠오른 연방정부에 의해 발휘되기도 한다. 현재 정부는 환자의 긍정적인 응답[HCAHPS 점수]과 낮은 재입원율에 근거해서 의료기관에 지급하는 환급액을 조절한다. 이 말은 우수한 환자경험의 전달이 향후 의료기관의 재정적 성공과 실패를 가름할 수 있다는 뜻이다. 게다가 자기 조직만 신경 쓰기에도 벅찬 판에, 변화하는 시장은 우리에게 경쟁자들과 더욱 힘을 합쳐 이 문제를 해결하라고 강요하게 될 것이다.

시카고 홀리크로스병원[Holy Cross Hospital]의 최고경영자 웨인 러너[Wayne Lerner]는 이렇게 설명했다.

> 미래는 병원경험을 중심으로 돌아가지 않을 겁니다. 온전히 환자경험
> 이 주가 될 것이며, 이는 병원들만 포함된다는 말이 아닙니다. 예전에
> 경쟁 관계였던 조직들이 앞으로는 함께 일하게 될 것입니다. 향후 닥
> 칠 도전 과제 목록에 이 사항을 무조건 포함시키십시오!

이젠 웨인 러너 외에 다른 의료 관계자들도 이 사실에 주목하고 있다. 만약 3년 전에, 잘나가는 의료기관 관리자들에게 밤새 고민하는 문제가 무엇인지 물었다면 환자경험이라고 답하는 사람은 아무도 없었을 것이다. 그러나 오늘날 환자경험은 가장 중요한 이슈 3위 안에 올라 있으며 심지어 비용 절감보다 더 중요한 문제로 간주되고 있다. 그런데도 의료 관련 조직의 4분의 3이 환자경험에 따르는 비용은 물론 환자경험이 무슨 의미인지조차 제대로 파악하지 못하고 있다. 남보다 진보적이라고 하는 관리자들이 이런 어려움에

정면으로 대처하고자 노력하고는 있지만 오히려 퇴행적인 방법으로 해결책을 마련하려 한다. 이들은 침상을 늘리거나 전자의무기록 같은 신기술 개발에 돈을 투자한다. 이 모두 눈앞에 뻔히 보이는 해결책, 즉 직원에 대한 투자를 간과하는 해결책이다.

병원들은 환자경험을 개선하기 위한 가장 좋은 방법이 직원들의 적극적이고 자발적인 참여의식을 고취하는 것이라는 사실을 놓치고 지내 왔다. 몰입도가 높아진 직원들은 환자들에게 더 나은 서비스를 제공하고 그들의 건강을 더 잘 보살펴 주게 된다. 바로 이것 때문에, 환자가 두 번째라는 말을 하는 것이다.

우수한 경험 전달하기

우리는 알고 있다. 지금쯤 당신이 이런 말을 할 거라는 것을. "아니 '환자경험'이 무슨 뜻이야? 환자의 경험을 향상시키기 위해 왜 직원들에게 관심을 쏟아야 하는 거야? 이 책 쓴 사람들이 아무래도 약에 취한 거 같은데." 그래, 솔직히 우리가 때로 괴상한 짓도 하고 재미를 쫓는 사람이라는 건 인정한다. 그렇지만 조직문화, 구체적으로 말해서, 직원들이 자기가 맡은 일을 얼마나 자진해서 적극적으로 하느냐가 우수한 환자경험을 전달하는 결정적 동인動因이라는 사실에 대해 얘기하면서 헛소리를 할 생각은 추호도 없다. 뉴욕 장로병원의 밥 켈리는 적절한 비유를 들어 이렇게 설명했다. "직원들의 참여의식 고취는 기내 산소마스크 우선 착용과 비슷하다. 산소마스크는 자신이 먼저 쓰고 나서 어린아이가 쓰는 걸 도와줘야 한다. 우리 의료진이 자신도 힘들어 죽겠는데 어떻게 환자를 도와줄 수 있겠는가?"

언뜻 납득이 가지 않는다면, 이 주제가 일반적인 비즈니스업계에서도 얼마나 중요한 위치를 차지하는지 살펴보라. 유명세와 성공을 거머쥔 자포스^{Zappos}의 토니 셰이^{Tony Hsieh}와 스타벅스^{Starbucks}의 하워드 슐츠^{Howard Schultz}는 고객들에게 우수한 경험을 전달하기 위해 어떻게 직원들에게 자율권을 부여했는지 자신의 베스트셀러 저서에서 밝혔다. 개인의 진술만으로는 믿기가 힘들다면 다음 증거를 보라. 2007년 출간된 《위대한 기업을 넘어 사랑받는 기업으로^{Firms of Endearment: How World—Class Companies Profit from Passion and Purpose}》*의 저자 데이비드 울프^{David Wolfe}, 라젠드라 시소디아^{Rajendra Sisodia}, 잭디시 세스^{Jagdish Sheth}는 이미 우리에게 익숙한 홀푸드^{Whole Foods}, 할리데이비슨^{Harley—Davidson}, 파타고니아^{Patagonia}를 포함해 탄탄한 직원문화를 지닌 일련의 회사들을 추적했다. 그리고 이런 회사들이 10년간 1,025퍼센트라는 놀라운 투자수익률을 거두었다는 사실을 알아냈다. S&P500지수에 이름을 올린 회사들이 같은 기간에 거둔 투자수익률이 122퍼센트에 불과하다는 점과 비교해 보면 절대로 나쁘지 않은 성적이다. 그렇지 않은가?

이보다 더 재미있는 비교가 있다. 짐 콜린스^{Jim Collins}의 저서로 초판 발행 이후 10년 넘게 비즈니스 부문 베스트셀러 자리를 지켰던 《좋은 기업을 넘어 위대한 기업으로^{Good to Great}》**를 모르는 사람은 아

---

* 권영설 옮김, 럭스미디어, 2008.
** 이무열 옮김, 김영사, 2011.

마 없을 것이다. 하지만 *사랑받는 기업*의 저자들이 *좋은 기업을 넘어 위대한 기업*으로 성장한 기업들의 같은 기간 투자수익률을 계산한 결과에 대해 알고 있는가? 이 기업들의 투자수익률은 316퍼센트에 달했다. 만족스러운 결과임에는 틀림없지만, '위대함'보다는 탄탄한 직원문화 또는 직원들의 높은 참여의식을 갖춘 회사의 투자수익률과 비교하면 3분의 1에도 미치지 못한 수치다. 이를 다른 말로 설명하자면, 직원들의 적극적이고 자발적인 참여가 이루어지면 엄청난 보답이 뒤따른다는 뜻이다. 이제 전국의 경영진들도 이 사실을 인식하기 시작했다.

리하이밸리 헬스시스템의 론 스윈파드는 이 핵심을 이해시키기 위해 상징적 이미지를 사용한다. 슬라이드를 이용한 프레젠테이션을 통해, 직원만족을 시작으로 연쇄적으로 이어지는 여러 결과들을 보여 주면서, 직원만족이 고객경험으로 이어지고 결국에는 재정적 성공으로 나타난다는 점을 보여 준다. 론는 이렇게 말한다. "직원들에게 그냥 기분 좋으라고 보여 주는 게 아니라고 말합니다. 이건 비즈니스 전략이기도 합니다."

우리 일상에서 일어나는 일을 예로 들어 보자. 당신의 하루는 커피 한 잔으로 시작한다. 스타벅스의 인기가 워낙 좋다 보니 당신이 사는 동네 근처에도 스타벅스 체인점이 두세 군데 또는 그 이상이 있을 수 있다. 당신은 그중 아무 곳에나 가서 모닝커피를 살 수 있다. 장소는 달라도 사실 커피 맛은 거기서 거기일 때가 많다. 그렇다면 당신이 커피 사는 장소를 선택하는 가장 중요한 기준은 바리스타와 얼마나 교감을 나누느냐에 달려 있을 수 있다. 바리스타의 친절한 미소, 진심 어린 감사의 말 또는 즐겁게 커피 거품을 만들어 내는 모습에서 당신도 즐거운 하루를 시작하는 힘을 얻는다. 반면에 찌푸린 인상, 뒤섞인 주문 또는 눈길을 피하는 바리스타의 모습을 보면 당신의 하루도 찌뿌둥하게 시작할 가능성이 높다. 그런 스타벅스 체인점은 고객을 잃을 수밖에 없다.

자, 이제 이해가 되는가? 당신이 어떤 고객경험을 얻느냐는 당신에게 봉사하는 직원에서부터 시작한다. 애틀랜타 에모리 대학병원Emory University Hospital의 최고경영자 데인 피터슨Dane Peterson은 "자발적 참여도가 높은 직원이 자기 자신과 동료, 그리고 자신의 고객을 위해서 한층 더 애쓰고 노력한다."고 설명한다. "이런 직원들은 문제점을 찾아 나서고 해결하기 위해 노력한다." 그리고 고객들은 그런 모습을 다 지켜보고 있다.

고객들은 영리하다는 게 우리의 생각이다. 고객들은 자신의 하루를 즐겁게 해 줄 커피를 따르는 낯선 사람이 마음을 다하고 있는지 딴 데 정신이 팔려 있는지 알 수 있다. 물론 본사의 교육 내용을 그대로 따라하면서 자신의 속마음을 잘 감추는 직원이 있을 수도 있다. 그래도 고객들은 안다. 특히 자신의 주문이 잘못되었을 경우에는. 이럴 때 참여의식이 낮은 직원은 어떻게 행동할까? 우유를 빼먹었거나 다른 커피콩을 갈아 넣었을 때 어떻게 대처해야 하는지 직원 수칙에 모든 것이 다 나와 있을까? 훌륭한 직원은 미소로 해결책을 찾아낸다. 고객과의 관계를 유지하고 심지어 그 과정에서 관계를 강화하기까지 한다.

이 예는 의료업계에도 그대로 적용된다. 커피 한 잔을 사든 고

관절 전치환술을 받든 결정을 내리기까지는 세 가지 요소를 따지게 된다. 세 가지 요소란 비용, 품질, 그리고 서비스를 말한다. 미국에서는 제3자 즉 보험회사에 의존하는 사람들이 많으므로 의료비용이 일차적인 요소로 작용하지는 않는다. 품질 또한 그리 큰 문제가 되지 않는다. 미국은 최고의 공공 기반시설을 갖추고 있을 뿐만 아니라 무서운 병도 물리칠 수 있게 도와주는 과학자들과 신성한 소명의식으로 의료 분야에 들어온 뛰어난 인력을 갖추고 있기 때문이다. 따라서 결국엔, 미국 의료시스템이 점차 고객 중심의 모델로 바뀌기 시작하면서 어디서 누가 가장 뛰어난 서비스를 제공하느냐에 따라 환자의 구매 결정이 이루어질 것이라는 뜻이다. 캘리포니아 주 오렌지카운티에 있는 세인트조셉 호스피탈 오브 오렌지St. Joseph's Hospital of Orange의 최고경영자 스티브 모로Steve Moreau는 우리에게 이렇게 설명해 주었다.

저는, 우리가 직원 역할에 중점을 두지 않는 이상 환자만족도에서 높은 점수를 받지 못하게 될 거라고 생각합니다. 전에 일했던 곳은 모든 병실이 1인실에다 백만 불짜리 경관을 갖춘 곳이었는데, 모든 병원이 이런 시설을 갖출 수 있는 건 아닙니다. 현재 일하는 곳은 1인실도 많지 않고 빼어난 전망도 없지만 환자경험에서 높은 경쟁력을 갖추고 있습니다. 환자가 병원에 머무를 때, 자신이 연약한 존재라는 생각이 들 때 가장 신경 쓰는 것에 대해서 우리가 집중하고 관심을 보이기 때문입니다. 환자가 원하는 것은 창밖 풍경이 아닙니다. 그들은 자기가 어떤 기분을 느끼는지, 여러분이 자기에게 어떤 기분을 느끼게 만드는지에 신경 씁니다. 그리고 그 기분은 환자가 접촉하는 모든 사람들과 이루어지는 상호작용의 결과입니다.

환자들은 자신이 최고의 보살핌을 받을 거라고 기대합니다. 환자는 누군가 자신에게 관심을 가지고 마음 써 주고 있다는 기분을 느끼고 싶어 하죠. 그건 직원들의 적극적이고 자발적인 참여의식을 고취시키지 않으면 할 수 없는 일입니다. 그래서 저는 우리가 목표를 달성하기 위해서 필요한 가장 기본적이고 중요한 것이 바로 직원몰입도^{employee engagement}라고 생각합니다.

당신은 병원의 간호사와 여러 기사들과 의사가 고객에게 서비스를 제공하는 일을 하는 사람이 아니라고 생각할지도 모르겠지만 환자는 당연히 그렇게 생각한다. 그리고 그 말은 결과만 좋다고 해서 모든 게 다 좋은 건 아니라는 뜻이다. 분만을 도와주든 맹장수술을 하든 결과는 좋아야 한다. 하지만 좋은 결과와 더불어 우수한 경험을 전달할 필요가 있다. 제안하건대(아니, 주장하건대), 환자를 만족시키기 위해서는 비용, 품질, 서비스 이 세 가지 요소가 모두 중요하다.

하지만 우리는 이 세 가지 요소를 개별적으로 다루기보다 모두 한 번에 처리할 수 있는 방법을 알아냈다. 그리고 당신이 간과하고 있는 자원, 즉 당신의 직원들을 이용해 우수한 환자경험을 전달할 수 있는 방법을 소개하려 한다. 시카고 루터란 종합병원^{Advocate Lutheran General Hospital}의 최고경영자 토니 아마다^{Tony Armada}는 이렇게 표현한다.

결국 가장 중요한 점은 사람들이 의무감이나 구속이 없을 경우 여러 선택을 한다는 겁니다. 환자들도 선택을 하지요. 환자들은 예전보다 영리해졌습니다. 여러 정보를 손쉽게 접하고 점수를 매겨 가면서 자신이 원하고 필요한 것을 고를 것입니다. 의료계 리더들에게 촉구하건대, 오늘날 환자들을 위한 선택의 폭이 그 어느 때보다 넓다는 점, 그리고 헌신하는 마음과 자발적인 참여의식을 지닌 사람들을 모아 환자에게 봉사하는 것이 최선이라는 점을 알아야 합니다.

우리가 리더 역할을 하는 한 사람의 입장에서 여러분에게 부탁드리는 것은, 환자들을 위해 더 나은 결과를 생산해 내기 위해서는 여러분이 앞장서서 이끄는 방식을 점검하고 여러분 조직에서 일하는 사람들이 진정한 의무감 내지 자발적 참여의식을 가지고 일할 수 있는 방법을 결정하는 데 도움을 주라는 것입니다.

이 책의 저자들은 누구인가?

이 책을 쓴 우리는 도대체 누구이고 당신이 우리의 말에 귀를 기울여야 하는 이유는 무엇일까? 폴 슈피겔만Paul Spiegelman은 텍사스 주 댈러스에서 환자경험 서비스 및 리더십 사고를 다루는 베릴 컴퍼니즈Beryl Companies의 공동설립자 겸 최고경영자다. 베릴헬스BerylHealth는 병원이 환자경험을 향상시키는 데 도움을 주고, 베릴 인스티튜트는 환자경험 향상과 더 나은 임상적·재정적 결과 사이의 연관성을 입증하는 연구를 발표한다. 메디컬시티 댈러스병원Medical City Dallas Hospital의 최고경영자였던 브릿 베렛Britt Berrett은 현재 댈러스에서 약 9백 병상을 갖춘 텍사스 헬스 장로병원^{Texas Health} ^{Presbyterian Hospital}의 책임자로 일하고 있다.[*] 우리가 운영하는 기관은(폴은 콜센터, 브렛은 병원을 운영) 모두 직원들의 의욕이 낮고 이직률이 높으며 이윤이 낮은 업종에 속한다. 그럼에도 우리는 (직원 충성도 및 직원 유지 평가에서 업계의 높은 평가는 물론) 직원과 고객 서비스에 관련된 좋은 결과와 더불어 경쟁자들보다 더 나은 재정적 결과를 이뤄 냈다. 그뿐만 아니라 우리가 운영하는 조직은 지역 및 전국에서 가장 일하기 좋은 직장으로 선정되어 여러 차례 상을 받기도 했다. 이 정도면 우리가 직원들의 성장과 발전을 위한 조직문화 구축에 대해 형편없는 문외한은 아니라고 해도 무방할 듯하다.

'잠깐만.' 이렇게 말하는 사람이 있을 수 있다. '당신들 두 사람은 완전히 다른 유형의 조직을 운영하잖아. 병원 운영자와 소기업 소유주가 하는 일은 크게 다른 것 아닌가?' 좋은 지적이다. 브렛과 폴이 마주치는 경영상 또는 전략적 어려움은 분명히 서로 다를 수밖에 없다. 브렛은 미국 의회에서 만들어 내는 의료시스템의 변화 추이에 대해 철저히 숙지하고 대응해야 하는 반면 폴은 회사의 성장을 돕기 위한 외부 자금 유입의 장점에 대해 깊이 생각하느라 많은 시간을 보낸다. 하지만 따지고 보면 성공의 비밀은 결국 한 가지로 요약된다. 당신, 그리고 당신의 사람들이 일할 수 있는 훌륭한 문화를 구축할 수만 있다면, 어떤 종류의 일을 하는 어떤 조직에서 일하

---

* 2014년 8월 퇴사했다.

느냐는 중요하지 않다. 상장기업의 이익 추구를 위해 앞장서든 외부 영향을 받지 않는 벤처기업을 이끌어 나가든, 직원들의 적극적이고 자발적인 참여의식 고취는 더 나은 고객경험과 더 튼튼한 재무지표 두 가지 모두를 만들어 낼 수 있게 해 준다.

우리 두 사람이 탄탄한 기업문화 조성을 주제로 한 토론회에서 처음 만난 이후 친구로 지내다가 그간의 경험을 요약해 책을 쓰기로 의기투합한 이유도 그 때문이다. 이 주제에 대해 모든 걸 다 안다고는 할 수 없지만 그동안 우리가 배우고 깨달았던 점들을 당신과 함께 나눴으면 한다. 다음 장에서는 리더십을 주제로 리더가 된다는 것의 의미가 최근에 어떻게 변했는지 살펴본다. 그 다음 장부터는 조직의 미션, 비전, 그리고 가치를 채택하고 받아들이는 것이 얼마나 중요한지에 대해 알아본다. 재미 — 웃음 창출 — 는 특히 의료 관련 조직에서 임무 수행에 필수적이다. 그리고 사람들에게 병원 안에 있을 때나 밖에 있을 때나, 진심으로 마음 쓰고 있다는 점을 보여 주는 것이 어떻게 미래의 성공을 앞당기는지에 대해서도 따져 본다. 또한 조직의 미션과 비전, 가치를 받아들이기 거부하는 직원들과는 작별 인사를 고하면서 이를 '받아들이는' 직원들을 포상하고 조직을 재정비하는 방법에 대해서 논의한다. 마지막 장에서는 우리가 '숭고한 목표higher power'라 부르는 것에 대해 함께 생각해 보기로 한다. 우리가 하는 일은 사업적으로도 도움이 되기는 하지만 그보다는 당연히 해야 하는 일, 그래서 따를 수밖에 없는 일이다. 우리가 그런 사실을 받아들이도록 이끌어 주고 등대 역할을 해 준 것이 '숭고한 목표'였다. 맨 끝에는 보너스로, 문화 지능지수Culture IQ™ 측면에서 당신의 조직이 어디에 속하는지 알아볼 수 있도록 조사 도구를 포함시켰다. CIQ는 직원들의 자발적인 참여도를 이끌어 내기 위해 조직의 문화가 얼마나 잘 구축되어 있는지를 판단할 수 있도록 우리가 고안해 낸 조사 도구다.

　　모두가 성공하고 발전할 수 있는 조직문화를 구축하는 것이 우리 두 사람의 공통된 관심사다. 그리고 이런 식으로 미국 전체 의료시스템을 바꿔 나가자는 목표를 세우고 이 책을 쓰게 됐다. 한번 보라, 의료계 내부에 위험이 도사리고 있는데 모두들 치료하겠다며 엉뚱한 곳을 바라보고 있다. 현실을 똑바로 바라보자. 시대는 변해 가고 당신은 이에 대비해야 한다. 코네티컷에 있는 하트포드 헬스케어 Hartford Healthcare의 최고경영자 엘리엇 조셉Elliot Joseph은 이렇게 말한다.

　　그 많은 드라마가 병원을 배경으로 만들어지는 데는 이유가 있습니다. 매일매일 흥분과 재미를 주는 흥미진진한 실제 드라마가 펼쳐지는 곳이 병원이기 때문이죠. 병원 앞에 서서 한번 지켜보십시오. 인간과 관련된 모든 감정들이 하루 안에 다 펼쳐지는 모습을 볼 수 있습니다.

　　이런 환경 속에서 변화란, 단순히 일을 열심히 하고 행동을 바꾸며 현재 상태를 더 좋은, 더 친절한, 더 효율적인 방식으로 개선하자는 것만이 아닙니다. 이런 건 변화를 위한 투쟁의 반에도 미치지 못해요. 경영을 바꾸고 일하는 방식을 바꿀 수 있는, 자발적이고 열정적인 참여의식과 만족감—저는 '흥분'이란 단어를 사용하고 싶지만 적절한 단어는 아닌 듯싶네요—을 느끼는 직원들이 있어야 성공할 수 있습니다. 현재 의료업계는 쇠약한 상태에 있습니다. 직원들의 사기와 참여의식이 저조한 이런 환경에서 경영의 변화를 이끌어 낸다는 것은 제가 보기엔, 불가능한 일입니다.

앞날이 암울해 보인다. 하지만 엘리엇과 마찬가지로 우리는 조직이 최상의 상태에서 운영될 수 있도록 하는 비법을 알고 있다. 이 책을 읽으면 당신도 그 비법을 배우게 될 것이다.

그래, 달랑 텍사스에서 온 남자 두 명이 큰소리치는 것처럼 들릴 수도 있겠지만 우리는 도전할 준비가 됐다. 당신은 어떤가? 이 책에는 우리의 의견만 있는 게 아니라 수십 명의 최고경영자들을 인터뷰한 내용도 담겨 있다. 이번 장을 읽으며 이미 봤겠지만 이들 중에는 미국에서도 권위와 명성을 갖춘 병원이나 의료기관에서 일하는 사람들도 있다. 적극적이고 자발적인 참여가 가득한 직장 구축과 관련해 이들의 생각과 조언을 이 책에 실었다. 이들이 우리에게 무엇을 말해 주었는지 궁금한가? 다음 장을 읽어 보면 알게 될 것이다.

CHAPTER

이끄는 방법 바꾸기

　요즘은 *산욕열産褥熱*에 걸렸다고 해도 *조류독감*에 걸렸다는 말을 들을 때만큼 뒷머리가 쭈뼛이 서거나 등골이 오싹하지는 않을 것이다. 하지만 산욕열은 200년이 넘는 기간 동안 서방세계에서 널리 퍼지며 산모를 대상으로 은밀한 살인극을 펼쳤다. 그래서 많은 아기들이 태어난 지 며칠 만에 고아가 되는 위험에 처했었다. 산욕열의 치료법은 19세기 초 헝가리 출신 의사 이그나즈 젬멜바이스Ignaz Semmelweis가 그 원인을 밝혀내면서 비로소 알려지게 되었다. 산욕열의 원인은 바로 더러운 손 때문이었다.

　젬멜바이스는 집에서 출산하는 산모가 병원 분만동에서 출산하는 산모에 비해 병에 걸릴 확률이 훨씬 낮다는 사실에 주목했다. 집과 병원의 환경이 어떻게 다른지 연구하던 젬멜바이스는 의사들이 손을 씻지 않아 병이 퍼진다는 사실을 알게 되었다. 이는 당시의 구식 사고방식과 관련이 있었다. 18세기 필라델피아에서 유명한 산부

인과 의사였던 찰스 메이그스^{Charles Meigs}의 말을 빌리자면 "의사는 신사이고 신사의 손은 늘 깨끗하다." 하지만 젬멜바이스는 의사가 산모 진찰 전에 살균 용액으로 손을 씻기만 해도 사망률이 35퍼센트에서 1퍼센트 미만으로 떨어진다는 사실을 알아냈다. 젬멜바이스는 《산욕열의 원인, 개념, 예방^{Etiology, Concept, and Prophylaxis of Childbed Fever}》*을 출간해 자신의 주장을 펼쳤지만 되돌아온 동료 의사들의 반응은 싸늘했다. 그가 47세의 이른 나이에 사망한 후 얼마 지나지 않아 파스퇴르^{Pasteur}의 세균설이 확립되면서 젬멜바이스의 주장도 비로소 사람들의 관심을 끌게 되었다.

물론 요즘에는 일반 감기부터 독감까지 전염을 예방하기 위해서는 손을 깨끗이 씻어야 한다고 아이들에게도 가르친다. 그런데도 여전히 말을 듣지 않는 사람들이 존재한다. 살균 환경과 최신 의료기술에 의존하는 현대 병원에서조차도 여전히 모든 사람들에게 손을 씻어야 한다고 강조하고 있다. 아니, 손을 씻으라고 직접 지시한다.

문제는, 그게 아직도 문제점으로 남아 있다는 사실이다. 아직도 손을 씻지 않는 사람들이 있다. 젬멜바이스가 이 소리를 들었다면 아마 무덤에서도 통곡을 금치 못할 것이다. '도대체 왜 뭐가 잘못된 거야?' 그래서 많은 병원들이 간호사들과 보조인력들에게 어떻게든 손 씻기를 실천시키고자 갖가지 방법을 쓰고 있으며, 건물 내부의

---

* 국내 미 출간.

모든 방문에 거품 살균제를 달도록 하고 보너스를 지급하기도 한다. 그런데도 여전히 손 씻기에 동참하지 않는 사람들이 있다.

그런데 이상한 점은, 보너스 지급이나 포스터 게시 같은 계책을 쓰거나 규율을 내세워 손 씻기를 강요하는 병원보다 그렇지 않은 병원에서 오히려 손 씻기 운동의 성공 확률이 높다는 사실이다. 이런 병원들은 직원들이 개인적 가치와 의료 업무를 자신의 소명으로 받아들이게끔 그들과 많은 대화를 한다. 최상의 결과를 달성한 리더들은 직원들에게 무작정 뭘 해야 한다고 말하기보다 손 씻기가 왜 그렇게 중요한 일인지를 설명해 준다. 손이 더러우면 환자들에게 아픔을 주고 직접적인 피해가 간다는 점을 강조할 뿐이다. 그러면 다른 사람들을 돕겠다는 큰 뜻을 품고 의료업계를 선택한 직원들은 그 말에 공감하고 이를 받아들인다. 이렇게 어떤 일을 직원들의 가치와 연결시킬 때에만 병원 리더들이 직원들을 긍정적인 변화의 방향으로 이끄는 것이 가능하다.

리더의 역할에 대해 다시 생각해 보기

리더가 된다는 것의 의미가 얼마나 많이 변했는가를 설명하기 위해 손 씻기와 관련된 얘기를 예로 들었다. 위대한 리더라고 하면 율리우스 카이사르^{Gaius Julius Caesar}나 칭기즈 칸^{Chingiz Khan}처럼 최전선에서 싸우며 힘으로 통치하던 용맹한 군 지휘자의 모습이 떠오를 수 있다. 당시 사람들은 이들의 명령에 불복하는 건 고사하고 의심하는 행위만으로도 심각한 대가를 치러야 했다. 그 외에도 케네디^{John F. Kennedy}나 레이건^{Ronald Reagan} 대통령처럼 사람들을 이끄는 매력과 카리스마를 지닌 사람들도 생각난다. 이들의 눈을 들여다보거나 멋진 연설을 들어 보면 어떤 일이든 자신만의 힘으로 해낼 수 있을 것 같은 힘과 용기가 생겨난다. *리더*라는 말에서 이런 사람들 말고 자신의 상사를 떠올리는 사람도 있을 것이다. 당신의 업무평가서를 작성하고 월급을 결정짓는 사람이 바로 당신의 상사다. 단지 직장 내에서 당신보다 윗자리에 앉아 있는 사람이라는 사실 말고는 상사라고 해서 개인적으로 강렬하거나 특이한 점은 없다. 당신은 그저 '리더'의 명령에 따르기만 하면 된다.

리더의 유형에 따라 여러 이름이 있지만 지금 우리는 마지막 유형, 지휘 및 통제로 알려진 명령 추종에만 집중하고자 한다. 과거에 이런 유형의 리더십이 특히 군대와 제조 분야에서 잘 통했던 때가 있었다. 이들 분야에서는 개인보다 시스템 또는 과정을 더 중요하게 여겼다. 하지만 이제는 이 모든 것이 엄청나게 변했다는 사실을 밝히려 한다. 베이비붐 세대*의 노령화와 Y세대**의 부상을 포함한 여러 요인들로 인해 지휘 및 통제로 대변되던 리더십은 점차 사라지고 있다. 하급자들에게 지시를 하달하는 것만으로 충분히 통하던 시대는 지나갔다. 요즘의 리더십은 지시를 따르는 게 왜 중요한지 설명하는 시대가 됐다. 조직 전체에 도움이 될 수 있는 최상의 결정을 하급자들이 직접 내릴 수 있게 권한을 이양해 주면 더 좋다.

---

* 제2차 세계대전이 끝난 1946년 이후부터 1965년 사이에 출생한 사람들.
** 베이비붐 세대의 자녀 세대로 1982년부터 2000년 사이에 출생한 사람들.

전기 작가이자 학자인 제임스 맥그리거[James MacGregor]는 (자신의 저서 《역사를 바꾸는 리더십[Transforming Leadership]》*에서) 변혁적 리더십[tranformation leadership]은 "추종자 스스로가 리더가 될 수 있도록……옹호하고 격려와 용기를 불어넣는" 것이라 했다. 또한 제이 알덴 콘거[Jay Alden Conger]와 라빈드라 나스 카눈고[Rabindra Nath Kanungo]는 《카리스마적 리더십의 재조명[Charismatic Leadership in Organizations]》**에서 변혁적 리더는 "특정 목표의 중요성을 더 높이 설정하고 그 목표를 달성할 수 있는 방법을 보여 주고 하급자들이 개인적 이익을 초월해 조직의 목표 달성에 힘쓰도록 유도하는 방법으로……하급자들이 더 높은 역량을 발휘하도록 동기를 부여할 능력이 있는" 사람이라고 표현했다.

심지어 군대도 이런 변화의 필요성을 느끼고 있다. 오사마 빈 라덴을 추적해 제거한 미 해군 특수전 부대인 실팀식스[Seal Team Six]를 예로 들어 보자. 이들은 팀원들 간에 계급이 존재하지만 실제로는 팀원 각자가 팀 내 다른 사람의 임무까지 실행할 수 있도록 훈련받는다. 다른 팀원들에게 임무 수행이 불가능한 상황이 닥칠 경우에 대비하기 위해서다. 실팀식스도 이런 위험 상황을 맞이했다. 실팀식스가 빈 라덴의 은신처를 급습하다 헬리콥터 한 대가 추락했을 때 어떤 일이 벌어졌는가? 계획이 틀어지는 순간이었다. 위급 상황에 대처하는 훈련을 받은 것도 있었지만 팀은 상부에서 명령이 떨어질 때까지 기다리지 않고 그 상황에서 즉석의 결정을 내릴 수 있는 권

---

* 조중빈 옮김, 지식의날개, 2006.
** 국내 미 출간.

한을 부여받은 상태였다. 모든 팀원들은 최종 임무가 무엇인지 알고 있었고 각자가 그 임무 달성에 필요한 능력을 갖추고 있었다. 조직원이 자발적으로 움직이지 않고 명령을 기다리기만 하다가는 조직 전체가 마비되고 큰 위험에 처할 수 있다는 점을 군대에서도 깨닫게 된 것이다.

뛰어난 비즈니스 리더들도 이 같은 원칙을 이해한다. 부하직원들을 조직의 미션과 비전, 그리고 가치 실현에 동참시켜야 최상의 결과를 얻을 수 있다는 사실을 알고 있다. 적극적이고 자발적인 참여 또는 몰입을 뜻하는 *인게이지먼트*engagement는 단순한 '이해' 이상을 뜻하는 흥미로운 단어다. 인게이지먼트는 개인이나 팀을 어떤 '존재 상태'에서 다른 상태로 이동시키는, 전이轉移를 말한다. 인게이지먼트는 어떤 개념을 몰개성적이고 비인격적으로 이해하는 상태에서 온전히 마음을 다해 받아들이고 지지하고 믿는 상태로 바뀜을 의미한다. 사람들은 과학적 근거 때문이 아니라 정말로, 진심으로 이해할 때 그 생각에 적극적이고 자발적으로 참여하는 인게이지먼트engagement, 즉 몰입 상태에 도달한다. 플로리다 네이플즈에 있는 헬스 매니지먼트 어소시에이션Health Management Association의 최고경영자 게리 뉴섬Gary Newsome은 이렇게 설명한다.

> 각 병원의 문화는 그 병원의 리더십팀에 의해 대부분 결정됩니다. 상부의 방침에 따라 정해질 수밖에 없죠. 목표가 무엇인가? 리더십팀뿐만 아니라 모든 사람들이 이를 이해할 필요가 있습니다. 어떻게 해야 그렇게 될 수 있을까요? 간호팀에서 영양팀, 시설관리팀, 경영팀에 이르기

까지 개개인 모두가 목표에 대한 이해를 같이해야 합니다.

그저 명령만으로는 타인의 행동을 바꿀 수 없다는 사실을 상기시켜 준, 손 씻기 얘기를 다시 돌아보자. 리더가 손 씻기를 직원 내면의 목표와 결부시켜 설명했을 때 비로소 간호사와 보조인력들은 손을 정기적으로 씻는 게 얼마나 중요한지 진심으로 깨닫기 시작했다. 다시 한번 말하지만, 사람들을 이끄는 행위가 단지 명령을 내리는 것만으로 충분하던 시대는 지났다. 리드하는 행동이란 사람들에게 목적과 의미가 있는 방식으로 행동하도록 영감을 주는 방법을 찾아내는 것이다. 모든 이들이 자기도 변화의 한몫을 담당하고 있다고 느끼는 것을 말한다.

시카고 사이나이 헬스^{Sinai Health}의 최고경영자 앨런 채닝^{Alan Channing}은 자기 조직의 미션, 비전, 가치가 매우 중요하다고 생각한다. 그렇기 때문에 첫출근하는 모든 신입 직원들에게 조직의 미션, 비전, 가치를 가르쳐 주면서 그 중요성에 대해 설명한다.

제 얘기를 마치면서 직원들에게 두 가지 일이 반드시 일어날 거라고 말해 줍니다. 첫째, 여러분은 좌절하게 될 것입니다. 어떤 결정 사항을 듣고도 그게 무슨 뜻인지도 모르는 일들이 있을 겁니다. 둘째, 여러분은 다른 누군가의 삶에 변화를 만들어 낼 것입니다. 그러니 좌절의 순간이 찾아오더라도 두 번째 약속을 반드시 기억하십시오. 이런 대화를 나누는 일은 정말 재미있습니다. 사람들 눈이 초롱초롱해지는 게 보인답니다.

사람들 눈이 초롱초롱해지는 게 보인다면 당신은 리더로서 자신이 올바른 길을 가고 있다는 걸 알게 될 것이다. 당신은 당신의 사람들과 통하였으며 그들에게 영감을 주고 있는 중이다.

직원들을 한 단계 더 높은 목표에 참여시키기

성공을 향해 점진적인 단계를 거쳐 개선한다는 뜻의 일본어 *카이젠*^{kaizen}이라고 들어봤는가? 어떤 책에서 이런 철학과 향상 과정을 잘 표현한 이야기를 읽어 본 적이 있는데 이번 주제와도 상당히 잘 맞아떨어지기에 소개하려 한다. 그 이야기의 주인공은 열 명의 의사들로 이루어진 미국 의료단체이다. 이곳에서는 환자경험과 관련해 심각한 문제를 겪고 있었다. 의사들은 문제의 근본 원인을 밝히기 위해 환자들을 대상으로 설문 조사를 실시했고 환자의 가장 큰 불만이 오랜 대기시간이라는 사실을 알아냈다. 이 의료단체의 고위층에서는 문제 해결을 위해 계획을 짜냈다. 첫째, 대기시간을 줄일 수 있겠다는 생각에서 의사를 몇 명 더 고용했다. 하지만 효과는 없었다. 솔직히 말하자면, 이유는 모르겠지만 환자들의 만족감이 오히려 떨어졌다.

그러자 고위층에서는 약속 일정을 일목요연하게 보여 줄 수 있도록 새로운 일정 관리 소프트웨어에 투자했다. 하지만 그것도 환자의 만족도를 높이는 데 거의 도움이 되지 못했다. 이 의료단체의 고위층에서 변화를 꾀할 때마다 오히려 문제는 쌓여 갔다.

딜레마에 빠진 이 의료단체에 해결책을 제시한 사람은 고위층이 아니라 직원들이었다. 게다가 그 해결책을 실행하는 데는 돈 한 푼 들지 않았다. 어떻게 그렇게 할 수 있었을까? 환자가 병원 사무실에 도착하면 직원이 환자에게 예상 대기시간을 말해 주고 예정보다 늦어질 경우 사과를 했을 뿐이다. 하지만 그게 끝은 아니다. 마침내 환자가 진료실에 들어가면 의사가 무엇보다 먼저, 오래 기다리게 해서 죄송하다는 말을 한다. 환자가 진료를 마치고 나가면 접수원이 다시 한번 기다리게 해서 죄송하다는 사과와 함께 다음 약속 일정을 권하면서 내원해 주셔서 감사하다는 인사의 말을 전한다.

결과는 엄청났다. 환자의 만족 점수가 치솟았다. 알고 보니 대기시간 자체는 문제가 아니었다. 환자들은 의사 진료실에서 기다리고 싶어 했던 것이다! 환자들을 화나게 한 건 주위의 관심 부족, 자신이 아무도 아닌 존재로 여겨지는 느낌이었다. 긴 설명은 필요 없다. 고위층이 의사 충원과 일정 관리가 문제를 해결해 줄 거라는 선입견을 버리고 모든 사람들이 진정한 환자경험에 주의를 기울이자 문제는 해결됐다. 고위층은 자존심을 버리고 일선에서 일하는 직원들에게 도움을 요청할 수밖에 없었다. 구시대의 리더들 같으면 부하직원들에게 도움을 요청하느니 차라리 절벽에서 뛰어내렸을지도 모를 일이다.

불행하게도, 의료기관을 포함해 대부분의 비즈니스는 리더십이 진화하고 있다는 소식을 아직도 접하지 못한 모양이다. 리더들 대부분이 여전히 자신의 눈을 가린 채, 우리가 여기서 줄곧 거론한 변화라는 단어에는 귀를 막고 조직을 운영한다. 2000년도 더 지난 과거 로마 장군들에게나 어울릴 만한 지휘 및 통제 방식을 여전히 고집하는 게 현실이다. 우리가 경험한 바에 따르면, 대부분의 리더들은 부하직원들이 하달된 명령 이상의 일을 할 거라고 믿지 않으며, 이런 사고방식이 얼마나 큰 피해를 불러올 수 있는지 아직도 깨닫지 못하고 있다.

한편으로는, 우리도 리더들의 생각에 공감한다. 지휘권을, 더구나 사람의 목숨이 위태로운 순간에 놓는다는 건 두려운 일이 될 수도 있다. 의료계 리더 입장에서 당신은 안전장치의 일환으로 체크리스트를 활용해 직원들이 하는 온갖 행동을 점검하고 싶은 유혹을 느낄지도 모른다. 하지만 이렇게 생각해 보자. 항공기 조종사는 착륙장치부터 보조날개까지 모두 이상 없이 완벽하게 준비되었는지 확인하기 위해 항상 비행 전에 체크리스트를 하나하나 점검한다. 하지만 체크리스트 점검은 과정일 뿐 자기 일의 실제적인 최종 목표는 탑승객들을 목적지까지 안전하게 수송하는 일이라는 사실을 알고 있다. 그러므로 무슨 일이 일어났을 때 그리고 그 일이 체크리스트에 나와 있지 않은 상황이라도 조종사들은 그 상황에 대처할 능력을 지니고 있다. 당신은 간호사나 보조인력도 이렇게 똑같이 할 수 있으면 하고 바라거나 기대하지 않는가? 당신은 이들에게 필요한 수단을 제공했고 각자가 맡은 일을 할 수 있도록 교육시켰다. 그렇다면 당신도 직원들이 체크리스트에 나온 대로 자신의 임무를 완수할 만큼 일에 충실하고, 혹시 예상치 못한 상황이 발생해도 해결할 수 있을 만큼 창의성이 풍부하다고 믿어야 하지 않을까?

앞에서도 말했지만 중요한 내용이니 거듭 말하겠다. 요즘 직원들에게는 어떤 일을 하라고 지시만 내린다든지 보너스 지급처럼 돈으로 꾀어 따르게 하는 방법은 통하지 않는다. X세대*와 Y세대는 경제적 보상만으로는 움직이지 않는다. 이들은 자신들에게 영감을 주고 자신의 창의성을 이용할 수 있는 직업과 경력을 찾는다. 이들은 자기가 원하는 것을 당신의 조직에서 찾을 수 없다면 다른 곳에서 찾을 것이다. 과거에 충성심이 있었다면, 이제는 일하는 과정에서 뭔가를 희생하는 한이 있더라도 승리하는 팀에 합류하려는 추동력이 그 충성심을 대신한다. 만약 당신의 직원들이 뭔가 더 큰 목표와 단절되었다고 느낀다면, 만약 당신이 '단순한 일자리' 이상을 제공하지 못한다면 유능한 인재를 곁에 붙잡아 둘 수 없게 될 것이다.

요즘에 가장 효율적인 리더십은, 모든 사람들이 승리할 수 있도록 직원들을 조직의 미션, 비전, 가치에 의해 규정된 한 단계 더 높은 목표에 동참하게 만드는 리더십이다. 우리가 목적의식이 충만한 리더십이라 부르는 이런 변혁적 리더십은 의료계는 물론 어떤 업계에서도 그 효과를 발휘한다. 당신이 조직을 이끄는 방식도 이런 식으로 변해야 한다. 그리고 지금 당장 변해야 한다.

조직의 미션과 비전, 그리고 가치를 품어라

당신이 아직도 이 책을 읽고 있고 우리의 주장대로 실행할 수 있는 방법을 알고 싶다

---

* 무관심·무정형·기존 질서 부정 등을 특징으로 하는 1965년에서 1975년 사이에 출생한 세대.

면, 목적이 이끄는, 목표를 향해 나아가는 회사를 만들어 내는 방법을 알고 싶다면 계속 읽어 주기 바란다.

먼저 중요한 용어들을 살펴보자. 변혁적 리더십을 말하면서 나온 용어들을 이렇게 정의할 수 있다.

· 미션: 우리는 왜 여기에 있는가
· 비전: 우리는 어디로 가기를 간절히 바라는가
· 가치: 우리는 어떤 규율을 따르는가

상당히 직설적이고 간단하지 않은가? 그저 상식적인 용어처럼 들릴지 모르겠으나 솔직히 말하면 우리는 조직 내에서 이를 실행하기까지 적잖은 어려움을 겪었다.

브릿이 댈러스에 있는 메디컬시티^{Medical City}에서 일을 시작했을 무렵 그 병원에는 조직의 비전이나 가치는 물론 강령도 없었다. 하지만 고위층과 직원들 사이에서는 적어도 자기들이 아직도 그 병원에서 일하고 있는 이유, 그 병원의 기본 방침과 목표를 기록한 무언가가 필요하다는 생각이 존재했다. 당시는 조직마다 강령 채택이 큰 유행을 타고 있던 시기였다. 경영과 관련된 멋진 문구를 사용해 조직 강령을 만들어 내는 건 어렵지 않은 일이었다. 그럼에도 메디컬시티에서는 강령 제정을 둘러싸고 극심한 진통을 겪고 있었다. 우리는 왜 여기에 있는가? 우리는 어디로 가고 가는가? 우리는 어떤 규율에 따라 사는가? 이 세 가지 중요한 질문에 대한 해석이 사람마다 달랐기 때문이다.

결국에 성공으로 향하는 열쇠는 미션과 비전, 가치를 자기 것으로 만들어 관련자 모두에게 의미를 부여하는 데 달려 있다. 강령 문구는 남에게 보여 주는 것보다 자신이 충분히 이해하고 가슴으로 느끼는 게 더 중요하다. 미션을 문구로 표현하는 일은 중요한 과정이지만 그럼에도 대부분의 사람들이 꺼려하는 일이다. 하지만 강령을 정하는 과정에서 모든 사람들이 자신의 역할에 대해 근본적인 질문을 던지게 된다. 나는 왜 여기 있는가? 내가 가고 싶은 곳은 어디인가? 내 개인적 가치는 무엇인가? 이 질문에 대한 답을 곱씹어 보고 자기 개인의 것으로 만들어 감으로써 개개인은 팀과 조직 전체의 공공선과 이익에 자발적으로 참여하기 시작한다. 에모리 대학병원의 최고경영자 데인 피터슨은 다음과 같이 말한다.

> 의료계에서 무엇보다 중요한 미션은 핵심을 전달하기 쉬운 미션, 모든 직원과 의료진이 직업을 선택하는 근간이 되는 미션입니다. 누구나 자신보다 더 큰 무엇의 일부가 되기를 원합니다. 그러므로 의료계에 종사하는 사람이나 다른 일에 종사하는 사람이나 모두가 타인의 삶에 중요한 변화를 준다는 점에 대해 감동을 느끼죠.
> 리더들이 기억해야 할 한 가지는 미션과 행동이 일치해야 한다는 점입니다. 예를 들어, 리더가 환자 관리가 중요하다고 해 놓고 모든 결정은 돈을 기준으로 내린다면 직원들도 이를 알아채고 강령에서 멀어집니다. 행동은 말보다 더 강력한 힘을 발휘합니다. 행동이 말과 일치하면 직원들의 자발적인 참여는 저절로 따라오게 될 겁니다.

영혼도 없고 의미도 없는 문구를 만들어 내기보다는 공동의 목표를 개발하는 것이 중요하다.

같은 이유에서, 당신이 설정한 조직의 가치가 몇 개나 되느냐보다는 당신이 선택한 가치가 실제로 직원들의 판단과 믿음을 잘 반영하느냐가 훨씬 더 중요하다. 이는 미션, 비전, 가치를 맨 위에서 아래로 단순히 하달하는 권력 행사가 아니다. 조직 내 모든 이들이 목적지를 설정하는 데 참여하고 그 목적지를 향해 함께 여정을 떠날 수 있도록 시간과 노력을 기울여야 한다. 플로리다 주 허드슨의 리저널 메디컬센터 베이오넷포인트^{Regional Medical Center Bayonet Point}의 최고경영자 스티브 렉토^{Steve Rector}는 이렇게 말한다.

경험해 보니, 강령 문구가 얼마나 멋지든 얼마나 영감을 주든 관계없이 개개인이 모인 단체에게 강령을 읽도록 하는 것조차도 매우 힘든 일이라는 것을 알게 됐습니다. 그 강령을 자기 것으로 받아들이고 그에 따라 생활하는 건 말할 것도 없고요. 강령이 직원들에게 어떤 의미로 다가오는지를 알아내서 거기에 알맞은 수준으로 직원들을 끌어들이는 것이 우리 리더들의 몫이죠. 직원들이 강령을 읽게 되면 마음속에 어떤 생각이나 비전, 자기 인생의 추억 같은 것들이 떠오를까요? 그때 강령은 단순한 글귀 이상의 의미를 지니게 됩니다. 즉 강령은 개인적인 연관성을 갖게 되고 우리는 직원들이 조직 내에서 강령을 실행에 옮길 수 있도록 도와주어야만 하는 겁니다.

메디컬시티에서 일하는 브릿의 동료들은 이웃 같은 시민들에게 봉사하겠다는 소명에 따라 일하는 사람들이 대부분이었지만, 모두가 공유할 수 있는 강령 제정에 난항을 겪고 있었다. 조직의 강령 채택에 있어 베릴헬스의 폴은 브릿보다 더 큰 어려움을 겪었다. 폴의 사업체는 건강관리단체에 서비스를 제공하지만 정식 병원은 아니다. 앞에서도 언급했듯이, 폴의 직원들은 콜센터에서 일했는데 이 업계는 불법 텔레마케팅 사무실이라는 오해 때문에 인식이 너무 좋지 않았다. 폴은 사업을 시작하고 처음 몇 해 동안 자신이 냉소적인 태도를 지녔었다고 털어놨다. 폴은 출근하는 직원 중에 미션 따위를 생각하는 사람은 아무도 없을 거라 생각했고 따라서 강령 같은 걸 만들어야 할 이유도 찾지 못했다. 하지만 어느 날 자신의 멘토가 들려준 현명한 조언에 무언가를 느꼈고, 미션 강령을 세우는 일에 착수했다.

목표 달성을 위해 폴은 조직 내에 다기능팀cross—functional team을 만들었다. 얼굴을 맞대고 여러 차례 회의를 거치며 의견 차이를 좁혀 간 후에야 회사의 미션, 비전, 가치와 관련해 세 가지 핵심 질문에 대해 공통된 답을 도출해 낼 수 있었다. 베릴헬스는 간결하고 솔직한 강령을 채택하기로 결정했다. 사람들을 의료서비스와 연결해 주자는 것이었다. 강령을 정하고 나자 조직 성장의 핵심 동인에 집중할 수 있게 되면서 베릴헬스는 날로 번창했다. 구시대적 텔레마케팅이나 판매 활동처럼 교묘한 속임수로 한 건 올릴 기회만 노렸다면 잘못된 길로 빠졌을지도 몰랐을 조직이 회생한 것이다. 조직의 번창만큼이나 반가운 현상은 베릴헬스의 이직률이 급격히 줄어들었다는 점인데, 이는 세계 여느 콜센터들과 달리 베릴헬스에서 일하는 사람들이 명확한 목표를 지녔기 때문이다. 직원들의 호칭도 일반적인 에이전트나 고객 서비스 상담원이 아니라 환자경험 대변인으로 바뀌었다. 베릴헬스의 사람들은 자신의 목표가 무엇인지 알게 되었다. 정말 멋진 일이다.

물론, 모든 일에 있어 자신만의 기준에 따라 상황을 판단하거나 자화자찬에 빠지지 않도록 조심해야 한다. 그래서 가끔 다른 사람의 의견이나 객관적인 결과를 반영해야 하는 것이다. 당신의 팀이 목표를 향해 올바른 길을 가고 있는지 반드시 확인해야 한다. 브릿은 직원들을 이끌어 줄 강령이 있었음에도 한때 메디컬시티가 흔들렸던 사건을 기억한다. 환자를 대상으로 한 조사에서 눈에 띄게 좋지 않은 결과가 일부 나왔다. 환자들 중 몇 명이 자신을 돌봐 준 간호사들에 대해 인신공격적이고 신랄한 비판을 가한 것이었다. 병원 고위층에서 이 사실을 다 알게 되면서 병원이 발칵 뒤집어졌다. 서로 비방이 난무하고, 심지어 결과가 조작됐다고 주장하는 간호사까지 나왔다. 하지만 결과는 사실로 드러났고 관리자들은 감정적 반응을 자제하면서 결과에 집중했다. 그리고 거울을 보듯 자신의 모습을 들여다보면서 그동안 제 길에서 벗어난 자신을 발견했다. 이렇듯 자신을 들여다보는 행동은 결코 쉽지 않지만 반드시 필요한 일이다.

현실적으로 당신이 미션과 비전, 그리고 가치를 세우기 위해 아무리 노력한다 해도 조직 내 모든 사람이 다 동의하고 지지할 확률은 낮다. 예를 들어, 몇 년 전 브릿은 병원 회의실에서 자신이 속한 분과의 책임자와 CFO[Chief Financial Officer, 재무 담당 최고책임자]를 만나 연차 예산 편성에 관한 미래 계획을 설명하고 있었다. 브릿은 계획을 발표하면서 환자경험을 위한 조직의 노력이 필요하며 다양한 전략과 전술을 통해 경이적 결과를 얻어 낼 수 있다고 지속적으로 언급했다. 브릿이 한창 설명하는 도중에 CFO가 눈이 뚫어지게 브릿을 노려보며 소리쳤다. "원장님 이 제대로 이해를 못 하시는 모양인데, 이건 사업이란 말입니다!"

CFO의 느닷없는 발언에 약간 당황하기도 했지만 브릿은 CFO의 바로 뒷벽에 걸린 조직의 미션, 비전, 가치가 눈에 자꾸 밟히는 걸 어쩔 수 없었다. 생각해 보라. 조직의 미션, 비전, 가치를 액자로 만들어 벽에 걸어 놓는 건 쉽지만 깊이 이해하고 받아들이기는 어렵다. 그렇다, 조직의 미션, 비전, 가치는 액자로 만들어 걸어 놓는다고 실현되지 않는다. 개개인 모두에게, 심지어 최고위층에 있는 사람들에게도 중요한 의미를 전달해 줄 수 있는 것이어야 한다.

브릿은 이 이야기를 하면서 웃음을 짓는다. 하지만 그 이면에는 사람들이 종종 자신이 일터에서 진정으로 무슨 일을 하려고 하는지, 근본적이고 전체적인 상황을 잊는다는 슬픈 현실이 있다. 병원 운영이 사업이고 살아남기 위해서 돈을 벌어야 한다는 사실에는 의심의 여지가 없다. 하지만 가치를 바탕으로 미션을 따라가는 조직이 재정적으로도 긍정적인 결과를 이끌어 낸다는 사실을 모르는 사람이 아직도 많다. 목표에 이끌리는 직원들은 뭔가 더 숭고하고 중요한 것과 연결 관계를 느끼기 때문에 더 열심히 일한다. 일터는 '단지 직장'이 아니다. 직원은 자기가 하는 일을 좋아하게 되고, 그러면 고객 — 우리 경우엔, 환자 — 들도 달라진 점을 알아챈다. 고객이 만족하면, 선순환의 관계가 이어지면서 재정 상태도 향상된다.

군이 우리 주장을 믿으라고 강요하지는 않겠다. 시카고 루터란 종합병원의 CEO^Chief Executive Officer, 최고경영자 토니 아마다의 설명을 들어 보라.

제 멘토가 아주 간단한 공식이라며 제게 말해 준 게 있습니다. 직원들과 의사들이 행복하면 환자들이 늘어난다. 환자 수가 늘어나면 비용은 절감된다. 따라서 이윤은 늘어나고 직원들에게 재투자할 수 있게 된다.

보람과 수익을 함께 챙길 수 있는 순환이 계속되도록 만든다니, 이보다 더 완벽한 게 어디 있을까. 베릴헬스에서는 이를 성장의 고리^Circle of Growth™라 부른다. 간단히 말해서, 당신이 직원 충성도에 투자하면 고객 충성도가 따라온다. 고객 충성도가 높으면 당신 사업의 이익도 올라간다. 이제 당신은 그 이익을 다시 직원들에게 투자하면서 직원들에게 더 많은 능력과 자원을 제공한다. 그리고 이런 순환이 지속된다.

물론 조직의 미션, 비전, 가치를 받아들이지 않는 사람들과 맞서야 할 때도 있다. 이런 반항은 다양한 수준으로 발생하는데, 이는 중요한 주제이므로 나중에 제6장에서 훨씬 더 자세히 다루도록 하겠다. 회사의 궁극적인 목표에 모든 사람이 즉시 자발적·적극적으로 동참하지는 않겠지만 당신이 참여를 이끌어 낼 수만 있다면 마술과도 같은 결과가 발생한다는 사실을 알게 될 것이다. 리저널 메디컬센터 베이오넷포인트의 최고경영자 스티브 렉토의 말을 들어 보자.

제 생각엔, 리더들이 좋은 태도나 품성을 지닌 사람과 자발적이고 적극적인 참여의식을 지닌 사람을 가끔씩 혼동하는 것 같습니다. 좋은 사람이 반드시 참여의식이 높은 사람은 아니라는 점에 주의해야 합니다. 적극적으로 참여하는 사람은 만나 보면 금방 알 수 있습니다. 이런 사람들은 복도나 구내식당, 사무실 등 장소에 관계없이 여러분에게 다가와서 환자들에게 더 잘해 줄 수 있는, 성장하고 개선할 수 있는 아이디어나 지식을 제공합니다. 늘 웃는 얼굴과 행복한 모습을 보여 주는 것과는 다릅니다. 어떤 면에서, 자발적이고 적극적으로 참여하는 사람들은 늘 개선 방안에 대해 열심히 생각하다 보니 가끔 툴툴거리는 모습을 보이기도 합니다. 하지만 이들이야말로 환자경험을 향상시키기 위해 늘 노력하는 사람들이죠. 그리고 여러분에게 리더로서 모든 면에서 환자들에게 감동을 줘야 한다고 일깨워 주는 사람들입니다. 전 이런 사람들이 정말 좋습니다.

우리 또한 이런 사람들을 좋아한다.

직원들에게 영감을 주는 것이 중요한 이유

직원들의 적극적이고 자발적인 참여를 하루아침에 이끌어 낼 수는 없다. 참여의식은 점진적으로 퍼져 나가기 때문에 목표의식을 가지고 지속적으로 격려하고 유연한 접근 방식을 사용해야 한다. 당신의 조직과 일하는 사람들이 시간이 지남에 따라 발전해 나가듯 그것의 가치 또한 변한다. 예를 들어, 베릴헬스에서는 최근에 조직 내 약점이나 어려움을 해결하기 위해, 즉 동료애와 책임감 고취를 위해 몇 가지 가치를 추가했다. 그렇다고 바로 문구를 인쇄해서 액자에 넣어 식당에 걸어 놓는 걸로만 끝내지 않았다. 회사의 가치들을 건물 내부의 벽에 페인트로 써 놓았는데 글자 하나의 크기가 1.2미터 정도가 될 정도로 크게 만들었다. 쉽게 눈에 띄니 기억하기에도 좋았다.

목표의 중요성을 고려한다면, 조직의 목표를 되새긴다는 의미에서 당신의 가치에 대해 다시 논의해 보는 것도 매우 중요한 일이다. 버지니아 주 폴스처치에 있는 이노바 헬스시스템Inova Health System의 최고경영자 녹스 싱글톤Knox Singleton은 변화를 수용한 사람이다. 그리고 오늘날 의료조직들 내에서 변해 가는 상황을 다음과 같이 설명한다.

직원들은 자신을 둘러싼 환경에 영향을 끼칠 수 있는 기회가 제공되는 과정을 진심으로 원하고 있습니다. 달리 말하면, 자기가 하는 일이 중요하다는 걸, 변화와 영향력을 미칠 수 있다는 걸 느끼고 싶은 겁니다. 그 다음 두 번째로는, 가치 있는 일을 하고 싶어 합니다. 추구할 가치가 있는 어떤 목표에 자신이 하는 일을 연결시키고 싶은 거죠.

조직의 목표와 가치를 계속해서 되짚어 보는 방식을 통해 사람들에게 그들의 일이 왜 중요한지를 일깨워 주고 올바른 방향으로 발전해 나가도록 격려할 수 있다.

다음 사례를 살펴보자. 브릿은 텍사스 헬스 장로병원에서 회의를 주관할 때마다 병원의 미션, 비전, 가치를 공유하는 것으로 회의를 시작했다. 그뿐만 아니라, 회의 중에 시간을 내서 병원의 목표를 지지해 주는 긍정적인 피드백, 즉 직원들의 노고를 인정해 주는 환자들이 쓴 편지를 소리 내어 읽어 주었다. 이런 것이야말로 오늘날 리더들이 택해야 하는 접근 방식이라 할 수 있다. 물론 편지를 읽을 때도, 주차 위반 딱지를 떼듯 낭독해서는 안 된다. 당신 주위에 있는 사람들로 하여금 자신도 당신과 함께 직업적인 만족이라는 약속의 땅에 들어설 수 있다는 믿음을 가질 수 있도록, 그들에게 영감을 주는 방식으로 조직의 목표를 예찬하듯 읽어야 한다.

직원들에게 영감을 준다는 말은 또한, 조직의 가치를 실행하는 데 귀감이 되는 동료들, 그리고 솔선수범하는 리더의 모습을 보이는 사람들을 치하하는 방법을 찾아야 한다는 말이기도 하다. 이런 평가가 조직의 고위층에서 내려오는 게 아니라 동료들의 인정과 승인에서 이루어지게 하는 방법을 활용하면 할수록 더욱 강력한 힘을 발휘하게 된다. 예를 들어, 브릿의 병원에서는 가치를 중심으로 각 부서가 다른 부서를 우승컵 수상 후보로 임명할 수 있고, 수상의 영예를 차지한 부서는 누구나 볼 수 있는 자리에 이 우승컵을 전시해 놓는다. 폴은 베릴헬스에서 프라이드^{PRIDE}* 프로그램 실행을 통해 유사한 결과를 달성하고 있다. 이 프로그램은 베릴헬스 직원들에게 동료, 특히 다른 부서에서 일하는 직원들의 좋은 행동을 찾아본 후

---

* Peers Recognizing Individual Deeds of Excellence의 어두 철자를 따서 만든 단어로, 동료들이 인정하는 우수한 행동을 뜻한다.

사내 시스템을 통해 대상자를 추천하도록 권장한다. 수상자에게는 상품권이나 수상자가 좋아하는 주차 공간 우선 주차권 등을 준다. 우리 둘 다 현금 수여와 우수 직원 '올스타'팀 선정 같은 방법도 사용해 봤다. 이런 방법들은 직원들에게 메시지를 전달할 수 있는 여러 방법 중 일부다. 메시지의 핵심은 미션과 비전, 가치가 단지 말로 끝나는 게 아니라 이를 받아들이고 실행하는 사람들은 보상받는다는 점을 보여 주기 위한 것이다.

잠시만 생각을 접고 숨을 한번 쉬어 보자. 여러분 중에 우리가 하는 말에 공감하는 사람들이 있다는 걸 안다. 하지만 아직도 냉소적 반응을 보이거나 이게 왜 중요한지 이해하지 못하는 사람들이 있다는 것도 충분히 안다. '직원들은 이딴 거 신경 안 쓴다니까.' 또는 '직원들이 신경 쓰는 건 월급뿐이야.' 같은 생각을 하는 사람들이 있을 수 있다. 이들에게 다행스러운 일인지 모르겠지만, 이런 소리는 이제 질리도록 들었다고 생각하는 사람들을 위해 우리가 준비한 얘기가 있다.

몇 년 전 댈러스 메디컬시티에서 있었던 일이다. 당시 조직에서는 '우리는 누구인가?'라는 질문에 대한 답을 얻기로 결정했다. 조직의 기본 입장과 방침을 열거한 강령을 만들기 위해서는 어떤 개인이나 조직이라도 반드시 자신에게 물어야 하는 기본적인 질문이 '우리는 누구인가?'다. 먼저 자신이 누구이고 왜 여기서 일하는지에 대해 직원들이 바라보는 시각을 바탕으로 대화를 이끌어 내자는 것이 이 프로그램의 의도였다. 병원 곳곳에 비디오카메라를 들고 다니며 직원들에게 '당신은 왜 이 병원에서 일하십니까?' 또는 '이곳은 당신에게 어떤 의미입니까?' 같은 질문을 하면서 잠시 소동이 벌어지기도 했지만, 그보다 더 중요한 건 결국 직원들이 상당히 솔직하게 자기 생각을 밝히는 계기가 되었다는 점이다. 직원들은 메디컬시티라는 병원이 어떤 곳인지, 자기가 어떻게 이 병원과 연을 맺고 현재까지 일하게 됐는지에 대해 여러 가지 생각들을 말했다. 병원에서는 조직 내 다양한 일을 하는 직원들의 인터뷰 내용을 정리해 45분짜리 비디오를 만들었다. 그리고 크리스마스 선물로 모든 직원들에게 테이프를 하나씩 선사했다.

조직의 말단 직원으로 영양팀에서 일하던 밀리는 테이프 하나로 만족하지 못했다. 그녀는 병원에서 추가 테이프를 여러 개 얻어서 고향인 과테말라로 보냈다. 고향집에 있는 가족들에게 자신이 하는 일에 얼마나 자부심을 느끼는지 그리고 자기 동료들이 매일 어떤 일을 하는지를 보여 주고 싶었기 때문이다. 이 조직에서 일하면서 좋은 일을 하고 다른 사람을 돕겠다는 자신의 목표를 실현할 수 있어 얼마나 좋은지 가족들에게 보여 주고 싶었던 것이다. 이 일을 알게 된 모든 사람들은 이전에는 인식하지 못했던 새로운 경험과 통찰을 얻게 되었다. 조직의 미션은 병원 울타리를 넘어 퍼져 나갔다. 그곳이 과테말라이든 어디든 가족과 사랑하는 사람들이 있는 곳으로 전해졌다. 그보다 더 먼 곳으로 갔을 수도 있다. 이 이야기를 읽으면서 미션과 목적을 갖는 것이 얼마나 중요한지, 미션과 목표가 변혁적 리더십과 얼마나 밀접하게 연관되어 있는지 가슴에 와 닿지 않는다면 더 이상 당신을 어떻게 무슨 말로 설득해야 할지 모르겠다.

휴! 통찰이니 영감이니 목표 실현 같은 단어는 왠지 무겁게 들린다. 이번 장을 읽으면서 경영학 전문 서적을 읽는 듯한 기분이 들었는가? 그런 당신을 위해 분위기를 띄울 수 있는 주제를 마련해 놓았다. 다음 장의 주제는 직장에서 일하며 즐기기다. 제3장에서 다시 만나자.

CHAPTER 03

재미도 중요하다

풍덩!

한번 상상해 보자. 당신은 가족을 이끌고 회사 연례 야유회에 가는 중이다. 한 해 동안 회사 실적도 좋았고 이래저래 축하할 일들도 있다. 하지만 당신은 왠지 심드렁하다. 야유회가 열리는 공원에 가면서 가 봐야 뻔하다는 생각을 한다. 어차피 공은 윗사람들이 다 차지하고 나머지 사람들은 햄버거나 핫도그 몇 개로 만족하고 들러리서다 끝날 행사니까. 가족들도 야유회가 그리 내키는 모습은 아니다. 글쎄, 애들은 신이 날지도 모르겠다. 애들은 언제 어디서건 웃음거리를 찾아낸다. 아니나 다를까 공원에 도착한 아이들이 웃음을 터뜨리며 무엇인가를 가리킨다. 도대체 웬 소란이란 말인가?

풍덩!

"아빠, 저기. 덩크 탱크dunk tank*에 누가 앉아 있네."

덩크 탱크?

그렇다, 덩크 탱크다. 이에 대한 설명은 조금 있다 하겠다.

의료 업무가 웃고 즐기는 일이 아니라는 건 누구나 다 안다. 사람의 목숨이 달린 문제니까. 병원 의료진들이 내리는 결정, 취하는 행동 하나하나가 환자에게는 평생 지속되는 영향을 끼칠 수 있다. 사람들이 병원에 들어서면서 보는 직원들의 얼굴에 미소와 웃음보다는 찌푸린 얼굴, 찡그린 눈살, 심지어 눈물이 더 많은 이유가 그 때문이다. 의료업계에서 일한다는 건 소명이자 의무다. 병원 일이 아주 재미있는 일이라고 말하는 사람은 아무도 없다. 대화를 나눠 보면 병원에서 일하는 사람들은 자기가 하는 일을 좋아하고 자기 일 뒤에는 어떤 목적이 있다고 말하는 경우가 많다. 만약 이들의 애정과 목적이 즐거움과 행복의 단계로까지 진화해 나갈 수 있다면 정말 고무적이지 않을까?

그렇다면 다음 시나리오를 상상해 보자. 댈러스 지역에 있는 대형 병원은 현대적인 의료서비스 제공을 위해 신임 CEO를 영입했다. 이 남자는 서른여섯 살밖에 되지 않았지만 일류 의과대학을 졸업하고 박사과정을 밟고 있다. 이렇게 상아탑 속에만 살았던 사람이니 의기양양하고 고약한 성격에다가 병원을 개혁한답시고 짜증나고 비현실적인 아이디어를 내놓을 거라는 예상도 무리한 상상은 아니다.

여느 리더들처럼, CEO가 되고 얼마 지나지 않아 그도 조직 전

---

* 물탱크 위 의자에 사람을 앉혀 놓고 다른 사람이 공을 던져 물탱크 옆에 있는 빨간 원을 맞히면 물에 빠지게 만든 장치.

체를 위한 축하 자리를 준비했다. 병원의 미래를 위해 모든 사람의 결의를 북돋우고 지역 자선단체들을 위한 돈을 모금한다는 명분이었다. 그래, 맞다. 앞서 언급했던 연례 야유회가 바로 이 행사다. 당신은 아마도 이 남자가 무대 위에 올라가 자기가 이런저런 변화를 이뤄 내겠다고 큰소리칠 것이고 결국엔 당신만 더 힘들어질 거라고 생각할지도 모르겠다. 그런데 놀랍게도, 당신의 자녀가 보았듯이, 당신과 동료들은 물론이고 뒤에 달고 온 가족들까지도 누구나 원하기만 하면, 일요일에 멋진 양복과 넥타이를 걸치고 나타난 이 잘난 신임 CEO를 차가운 물속에 처넣을 수 있는 야유회의 메인 이벤트를 즐길 수 있는 기회가 온 것이다.

"자, 신청하세요!" 손님을 끄는 목소리가 들려온다. "세 번 던지는 데 5달러! 신임 사장을 물 먹일 수 있는 절호의 기회가 왔습니다!"

"신임 사장을 물 먹인다고?" 당신은 자기도 모르게 소리치고 만다. "여기요! 나도!"

자, 이제 공을 던진다. 한 번…두 번…세 번. 혹시 세 번의 기회 모두 아깝게 놓쳤는가? 그래도 상관없다. 그냥 뛰어가서 맨손으로라도 빨간 단추를 눌러 버리고 신임 사장을 물에 빠뜨리면 그만이다. 신임 사장도 기분 나빠 하지 않을 것이다.

풍덩!

이 놀이는 네 시간 정도 계속된다. 수백 명이 돌아가며 신임 사장을 물속에 처박는다. 놀이가 끝나고, 여전히 물이 뚝뚝 떨어지는 옷을 입은 채 모든 사람들과 악수를 하고 대화를 나누는 신임 사장의 모습을 보니 그리 꽉 막힌 인간은 아닌 듯싶다. 어쩌면 정말, 당신이 마음을 열고 신임 사장이 하는 말을 들어 줄지도 모른다. 그리고 바로 그때, 마법 같은 일들이 펼쳐질 수 있다.

이 이야기의 주인공이 누구인지 아직도 감을 잡지 못하는 사람들을 위해 힌트를 주겠다. 이 책을 쓴 사람 중 한 명이다. 당신도 알지 않는가, 여전히 병원을 운영하는 사람이 바로 그 남자다.* 이 이야기의 핵심은, (브릿의 유머 감각이 수준 이하라는 것 외에도) 웃음의 대상이 될 수 있는, 특히 자기 자신을 웃음의 대상으로 삼을 수 있는 있는 능력이야말로 사람들이 간과하기 쉽지만 상당히 중요한 능력이라는 점이다. 이 사실은 어느 비즈니스에서나 마찬가지이지만 의료업계에서는 더더욱 그렇다. 리저널 메디컬센터 베이오넷포인트의 최고경영자 스티브 렉토는 이렇게 설명한다.

제게 있어서 웃음의 가장 중요한 면이라면 자기 자신을 웃음의 대상으로 만들 수 있다는 거죠. 저를 포함해서 이 세상에 완벽한 사람은 없다는 사실을 주위 사람들에게 보여 주는 행동은 리더십에 인간적인 면을 더해 주고 사람들을 편하게 만들어 줍니다. 이거 하나는 분명히 말씀드리죠. 저보다 실수를 많이 하는 사람은 없을 겁니다. 그러니 웃을 준비를 하는 게 좋을······.

---

* 앞에서 말했듯이 브릿은 2014년 8월에 퇴사하였다.

Chapter 3. 재미도 중요하다

당신은 이렇게 생각할지도 모른다. '에이. 어떻게 그렇게 해?' '자기 입으로 의료 업무는 심각한 비즈니스라고 했으면서.' 맞다, 우리는 삶과 죽음을 사이에 두고 일하는 사람들이다. 그러니 모든 심각한 상황을 해결할 수 있는 방법을 찾아야만 한다……웃음으로.

웃음의 중요성

정신없이 일하느라 종종 자기가 하는 일에서 즐거움을 찾을 시간과 노력을 기울이지 못하는 곳이 보건의료 분야다. 심각한 상황에서 유머 감각 따위는 찾을 여유도 없다. 그러다 결국 탈진하고 마는 경우도 있다. 우리는 능력과 품성을 갖춘 사람들이 정신적·육체적 힘을 모두 소진하고 쓰러지는 모습을 너무나 많이 봐 왔다. 에모리 대학병원의 최고경영자 데인 피터슨의 말을 들어 보자.

저는 일터에서 웃음이 대단히 중요하다고 생각합니다. 심지어 삶과 죽음을 다루는 병원에서도 일을 즐기는 게 중요합니다. 즐거운 시간을 보내지 못하고 웃을 수 없다면 힘든 시기가 닥쳐올 때 대처하기가 힘들죠. 사람들은 보통 집보다 직장에서 더 많은 시간을 보냅니다. 힘들고 단조로운 일을 하다 보면 일과 생활의 균형이 깨지고 에너지를 소모하기 쉽습니다.

혹시 유머 따위에 관심이 없다고 자처하는 사람이라면 스스로를 위해서가 아니라 자신이 돌보는 사람들을 위하는 차원에서 생각해 보라. 환자들은 주위 환경과 자신을 돌봐 주는 사람들에 대해 극도로 민감하다. 하루 종일 엄청 심각하게 굳은 얼굴로 일하는 간호사와 의사들을 대해야만 하는 환자의 기분은 어떻겠는가? 물론 지나침이 모자람만 못할 때도 있으므로 늘 어디까지가 한계인지를 잘 구분할 필요는 있다. 우리는 이런 한계의 안전장치를 '조직의 가치'라 부르며, 이는 곧 당신의 행동을 개별적으로 그리고 종합적으로 지배하는 믿음인 셈이다. 하지만 당신의 가치가 항상 더 나은 사람 또는 더 나은 조직이 되려는 마음을 좇아야지 방해를 줘선 안 된다. 자신을 웃음의 대상으로 만들 방법을 찾는 것은, 설사 물탱크에 빠진다 하더라도, 병원 복도마다 상존하는 긴장 상태를 완화시킬 수 있다. 뉴욕 장로병원 책임자 밥 켈리의 생각도 이와 다르지 않다.

> 제 아내는 제가 세상에서 가장 재미없는 사람이라고 말한답니다. 하지만 병원 사람들은 제가 유머 감각이 좋다고 생각해요. 저는 모든 상황에서 미소와 웃음을 찾을 수 있다는 주의죠. 단, 품위와 존중하는 마음을 지켜야만 합니다. 예를 들어, 환자를 웃음거리로 만드는 일은 없어야 합니다. 하지만 심지어 수술실에서도, 환자가 마취에 빠져들면 사람들이 농담도 할 수 있고 긴장도 풀 수 있다고 봅니다. 일종의 긴장 이완이라고 할 수 있는데, 전 이런 것이 매우 중요하다고 생각합니다.

병원 직원들만 긴장 속에서 일하는 건 아니다. 하루 종일 전화를 붙잡고 불만과 분노를 토로하는 고객들을 상대하는 일을 재미있겠다고 생각하는 사람은 거의 없을 것이다. 그게 콜센터 직원들이 하는 일이다. 직원 이직률이 가장 높은 업계에서도 베릴헬스는 능력 있는 직원들을 계속 보유하고 있으며 심지어 사람들이 일하고 싶어서 제 발로 찾아오는 직장이 되었다. 왜 그런지 알고 싶은가? 베릴헬스의 CEO인 폴이 코미디언 겸 진행자 하위 맨델Howie Mandel처럼 옷을 입고 (유명 연예인들까지 초청해) 직원 전체를 대상으로 장기경연대회를 주최하는 등 유별난 사건을 벌이기 때문이다. 그것도 주중에! 아니면, 베릴헬스가 발전해서 더 이상 자신을 필요로 하지 않는다는 줄거리로 비디오 다큐멘터리를 제작하면서 스스로 파자마를 입고 새로운 일자리를 찾아 헤매는 장면에 출연했기 때문일 수도 있다. 폴은 베릴헬스에서 즐거운 분위기를 유지하려 노력했다. 그 자신이 키 15cm의 난장이가 되어 회사 곳곳을 누비는 내용의 영상물 〈스몰 폴Small Paul〉에도 출연했고, 다른 회사 리더들과 춤 대결을 펼치는, 〈스타와 함께 춤을Dancing with the Stars〉이라는 프로그램을 패러디한 '사장과 함께 춤을' 행사를 열기도 했다. 폴의 춤은 그리 우아하지는 않았지만 (투우사 복장에 롤러스케이트를 타고 나온 모습이 정말 난감할 때도 있었다.) 그는 목적한 바를 달성했다. 직원들의 동료애가 깊이를 더했기 때문이다.

당신이 살면서 친하게 지냈던 친구들을 떠올려 보라. 그러면 방학, 파티, 직장 야유회 등 함께 즐기며 유대감을 쌓았던 기억이 되살아날 것이라고 확신한다. 인간은 즐거움을 느낄 때 다른 사람과 서로 친해지는 관계를 형성하도록 태어난 듯하다. 얼굴에 미소를 짓게 만드는 어떤 일을 할 때 우리는 가정과 직장에서 자신을 옭아

맸던 걱정에서 멀리 벗어난다. 뇌 신경세포가 활동을 시작하면서 몸 전체에 기분 좋은 엔돌핀이 솟아나면 일을 하면서도 휴가를 즐기는 듯한 기분을 느끼게 된다. 그리고 그 정도로 기분이 좋아진 상태라면 자신의 능력을 최대한 발휘하며 일을 할 수 있을 것이다.

아직도 '재미'가 그렇게 큰 역할을 할 수 있다는 것을 믿기 힘든가? 우리가 야간근무 시간에 새로운 의료진과 유명 영화배우의 사진 짝짓기 대회를 개최할 때 한번 와 보라. 아니면 내과계중환자실과 외과계중환자실이 겨루는 소프트볼 경기를 보러 오라. 의료진들이 내야에서 넘어지고 구르는 모습보다 더 웃긴 게 없다. 그러면서 팀원들의 동료애가 깊어지는 모습을 보면 놀라울 따름이다. 이 사람들은 생각보다 만만찮은 일을 하면서도 필요하면 언제든 일하는 사람들이다. 그럼에도 배꼽이 빠질 정도로 웃을 수 있는 방법을 찾아낸다.

연구자들은 즐거운 직원과 적극적이고 자발적으로 참여하는 직원의 연관성에 대해 관심을 갖고 있다. 솔직히 말해서, 현재 우리는 직원들의 적극적인 참여도가 역대 최저인 시기에 살고 있기 때문이다. 2010년 갤럽 조사에 따르면 미국 직원들 중 약 30퍼센트가 자기 일에 적극 참여한다고 응답한 반면 70퍼센트라는 놀라운 수치가 기본적으로 자기가 선택한 직업에 관해 신경 쓰지 않는다고 답했다. 이 수치에 대해 잠시 생각해 보자. 이는 동네 음식점에서 점심을 먹는 일에서부터 세탁소에 옷을 찾으러 가거나 새로운 아이폰 요금제를 선택하는 일에 이르기까지 당신이 직원들과 만나 주고받는 상호 관계의 3분의 2가 자기 일에 관심이 없는 사람들과 이루어지고 있다는 뜻이다. 뭐가 어찌 됐든 전혀 신경 쓰지 않는 사람들이 이렇게 많다는 뜻이다. 뭐, 이런 직원들이 당신의 기분을 일부러 망치려 들지는 않겠지만, (유튜브에 올라온 영상들 중에는 직원들의 파렴치하고 비열한 행동을 보여 주는 것도 있긴 하다.) 손님과 어떤 식으로 대화하고 소통하는지에 대해서도 거의 신경 쓰지 않는 것이 사실이다.

어떻게 하면 이 70퍼센트의 직원들이 자기 일을 바라보는 시각을 바꿀 수 있을까? 일이란 것이 그럭저럭 견디고 할 만한 것 이상이 되도록 해 주어야 한다. 즉, 일을 재미있는 어떤 것으로 만들어줄 방법을 찾아야 한다.

자신의 유머 감각 찾기

단지 병원에서 일하기 때문에 유머 감각도 없다고 생각하면 오산이다. 실제로 이런 사람들이 기회가 주어지면 대박 웃음을 만들어 내기도 한다. 대부분의 경우, 굳이 다른 사람들의 웃긴 면을 이끌어 내려고 구슬릴 필요는 없다. 웃어도 좋다는 걸, 자신의 재미있는 면을 보여 줘도 괜찮다는 걸 알게만 해 줘도 된다.

그런데 병원에서 일하는 사람들 중에는 자신이 재미있는 시간을 보내는 걸 스스로 용납하지 못하는 사람들이 많다. 자신의 일을 너무 심각하게 받아들이기 때문인 듯싶다. 그리고 지극히 당연한 말이지만, 하는 일 자체가 신중을 요하는 일이기 때문이다. 병원을 지을 때 이미 설계의 순간부터, 하얀색의 복도 그리고 행정실을 둘러싼 마호가니 목재판까지 왠지 숙연함과 정숙함을 떠올리게 한다. 하지만 그렇다고 해서 재미와 심각함 사이의 균형마저 찾을 수 없다는 말은 아니다. 어떤 형태의 조직에 있든, 그 균형을 이끌어 내야 하는 게 리더의 역할이다. 리더는 직원들에게 직장에서 흥겨워해도 괜찮다는 허가를 내주는 건 물론이거니와 재미있게 놀도록 격려할 수 있는 방법도 찾아야 한다.

자, 당신이 하는 말도 알겠다. 당신의 팀과 친한 친구들은 재미있는 사람들인데 다른 사람들이 도통 웃음이란 걸 모른다는 말 아닌가. 또 잔소리하는 것 같지만 당신의 생각이 틀렸다. 누구나 한 번씩은 '재미'를 발휘할 수 있다. 일단 자리를 마련해 보라. 물론 재미있게 논다는 데는 약간의 위험이 따를 수도 있다. 농담 한번 했다가 모두가 황당하다는 표정으로 자기를 쳐다보는 뻘쭘한 상황이 발생하기도 한다. 안전한 방법을 원한다면, 작게 시작하라. 직원 회의나 모임에서 기회를 찾아보라. 같이 일을 벌일 공모자를 찾고, 맨날 똑같은 방식에서 벗어나라. 우승자에게 주는 상의 이름도 특이하게 짓고 색다른 상품이나 상품권을 주도록 하자. (이에 대해서는 제8장에서 좀 더 자세히 다루도록 하겠다.) 아니면 슈퍼히어로로 복장을 입고 직원 회의에 참석하거나 우수환자만족상을 주는 자리에 등장할 수도 있다. 방법은 무궁무진하다. 그리고 위험보다는 보상이 훨씬 더 크다. 당신이 이런 행동을 하는 이유를 마음에 새기고 있는 한.

모든 CEO가 덩크 탱크에 올라앉을 수는 없지만, 어쨌건 자기가 입으로만 떠드는 게 아니라는 걸 보여 주기에 효과적인 방법을 사용해야 한다. 구내식당 직원과 임원이 함께, 모든 사람이 즐거운 시간에 푹 빠질 때에만 그 조직은 최종 목표를 향해 앞으로 나아갈 수 있다. 최선을 다해 환자를 돌보겠다는 목표 말이다.

웃음을 흘려도 좋다는 허락을 내리면 마술 같은 일들이 일어난다. 자기 병원의 HCAHPS 점수가 하락하자 자신을 배트맨이 아닌 보통맨으로 칭한 어느 병원의 행정이사를 생각해 보자. 그는 조수까지 구한 후 빨간색 타이츠를 입고 카메라를 들고는 온 병원을 누비며 재미와 웃음을 줬다. 언제 어디서 이들이 모습을 나타낼지 아무도 모른다. 뛰어난 결과를 이룬 부서에 나타나 시상도 하고 어느 부서에든 어떤 시각에나 모습을 드러낸다. 친근함을 주는 이 두 사람은 병원의 아이콘이 되었다. 그리고 그 시작은 바로, 웃음과 즐거움이 중요하다는 점에 모두가 동의하는 순간부터였다.

빨간색 타이츠를 입으라고? 물속에 빠져야 한다고? 자신을 조롱의 대상으로 삼거나 수치스러운 일 같아서 진땀이 나기 시작해도 괜찮다. '재미'라는 건 사람마다 느끼는 게 다르다. 굳이 병원 전체 장기자랑 대회를 열지 않아도 된다는 말이다. (물론 참석자가 많으면 더 좋겠지만.) 심지어 이 책을 쓴 우리 두 사람도 유머 감각에 있어서는 서로 스타일이 다르다. 자칭 내향적이라는 폴은 어렸을 때 엄마에게서 웃으라는 소리를 계속 들으며 자랐다. 폴의 어머니께서는 자기 아들이 커서《왜 모든 사람들이 웃고 있나요?Why Is Everyone Smiling?》*라는 책을 쓸 줄 미리 아셨던 모양이다. 폴은 사람들이 많은 곳에서

---

* 국내 미 출간.

도 주로 혼자 있는 스타일이다. 기내에서 〈내 여자 친구의 결혼식 Bridesmaids〉 같이 졸린 영화를 보면서 깔깔대고 웃는 사람이 폴이다.

반면 외향적인 성격의 브릿은 물속에 빠지는 건 물론이고 배트맨 복장을 하고 병원을 돌아다니는 일도 마다하지 않는다. 사실은 배트맨이 아니라 브릿맨 복장이었지만. 보이 블런더Boy Blunder(얼마 전 애틀랜타에 있는 유명 병원의 CEO가 된 사람인데, 여기서는 앞으로 데인이라 부르겠다.)를 조수로 채용한 브릿맨은 우수한 환자경험을 제공하고 세세한 곳까지 서비스를 제공하겠다는 임무를 띠고 스쿠터를 타고 병동 복도를 종횡무진 누볐다.

하는 행동은 우습게 보일지 모르겠지만 행동의 목적은 전혀 웃기는 게 아니다. 브릿이 브릿맨으로 어릴적 꿈을 실현하고 즐겼을지 모르나 그의 행동에는 목적이 있었다. 단지 코미디언처럼 보이기 위해 세 시간 동안 앉아서 분장을 하고 대머리 가발을 쓴 게 아니다. 모든 이들의 긴장을 풀어 주고 직장에서 웃고 즐겨도 좋다는 점을 직원들에게도 알려 주기 위해서였다.

이런 아이디어들이 다 우리 머리에서 나온 건 아니다. 다른 곳에서 훔쳐 왔음을 솔직히 인정한다. 그리고 다른 사람들도 우리 아이디어를 가져다 쓴다. 미국간호사면허기구ANCC는 최고의 간호 수준을 갖춘 의료기관을 인정해 주는 마그넷 인정 프로그램Magnet Recognition Program®을 실시하는데, 덴버의 오로라 메디컬센터Medical Center of Aurora가 그 인증을 받게 되었다. 그러자 이곳의 최고경영자 존 힐John Hill은 이를 축하하기 위해 부행정가에게 마그넷맨 복장, 즉 샛노란 쫄쫄이 타이츠와 마스크, 그리고 망토와 신발을 착용하도록 했다. 여기서 중요한 점은 동료들과 부하직원들이 자연스럽게 창의성을 발휘하는 분위기를 이끌어 낼 수 있도록 당신이 마음 편하고 느긋하게 즐길 의향이 있어야 한다는 거다. 당신이 직원들의 세세한 면까지 참견하면 직원들의 창의성은 억눌리고 그 결과 개인의 타고난 재질은 낭비되고 만다. 하지만 직원들이 업무에 창의성을 더할 수 있는 가능성을 열어 주면 재미와 적극적인 참여가 뒤따른다.

그러나 재미를 억지로 만들어 낼 수는 없다는 점을 기억해야 한다. 사람마다 각자의 취향이 있기 때문에 당신은 그저 재미를 이끌어 내는 자리를 마련하고 참가자들을 초대해서 어떤 개성들이 드러나는지 보는 수밖에 없다. 존 힐은 이렇게 말한다. "사람들은 웃는 걸 아주 좋아합니다. 누군가를 가르치는 가장 좋은 방법은 그 사람을 먼저 웃게 만드는 겁니다. 그리고 나서 소기의 원칙이나 가르침을 주는 거죠."

이 사례를 살펴보자. 베릴헬스에서는 전국고객서비스주간을 기념하는 일환으로 한 가지 일일활동을 제안했다. 그 주 금요일에 모든 부서에서 영화 한 편을 선정해 그에 어울리는 복장을 입도록 했다. 당신이 어떤 유형의 회사나 조직에서 일하는지는 모르겠지만 보통 가장 자유로운 '근무 복장' 하면 떠오르는 곳이 IT부서다. 일반적으로 이쪽 사람들과는 친해지기도 쉽지 않다. (IT부서에서 사용하는 언어는 외국어나 마찬가지다.) 그래서 베릴헬스의 IT부서 사람들이 영화 캐릭터 복장 착용에 적극적일 거라고 생각한 사람은 거의 없었다. 그런데 웬걸, IT부서 전체가 이 행사에 달려들었다. 금요일이 되자 영화 〈기숙사 대소동Revenge of the Nerds〉에 나오는 공붓벌레 주인공들처럼 추켜올린 바지를 입고 코카콜라 모양의 안경을 쓴 채, 완전히 망가진 모습을 하고 출근을 한 것이다. 그때 보지 못했더라면 평생 후회할 만한 광경이었다. 중요한 사실은, 그 행사를 통해 IT부서원들의 유대감이 깊어졌을 뿐만 아니라 다른 부서들과 서먹했던 감정도 눈 녹듯 사라졌다는 점이다. 일단 자신을 희생해 다른 사람들에게 웃음을 주고 나면 상대방은 편안함을 느끼면서 열린 마음으로 당신과 관계를 맺는 데 응할 것이다. IT부서는 자신들을 망가뜨림으로 해서 다른 부서 사람들이 좀 더 쉽게 접근할 수 있도록 길을 터 줬다. 그리고 그런 과정을 통해 베릴헬스는 더 나은 회사로 거듭날 수 있었다.

즐겁게 노는 데 따라오는 보답

오케이, 아직도 의심의 눈초리를 거두지 못하고 혼자 투덜거리는 사람이 있다는 걸 안다. '좋아, 직장에서 재미있는 시간을 보낸다니 훌륭한 생각이네.'라고 하면서 '증거를 좀 대보시지.'라고 중얼거리는 소리가 들린다. 좋다, 틀린 말은 아니다.

확실한 증거물을 보여 주기 위해서는, 스크루지 영화에서 과거의 크리스마스 유령이 예전의 스크루지 모습을 보여 주듯 우리도 브릿이 댈러스의 텍사스 헬스 장로병원에 처음 부임했던 몇 년 전으로 되돌아가 보겠다. 그 지역에서 '프레스비Presby'라고 부르는 이 병원은 약 900병상을 갖춘, 지역뿐만 아니라 전국적으로도 명성이나 있는 곳이다. 하지만 지금의 성공 이면에는 몇 가지 장애물들이 있었다. 먼저 가장 큰 걸림돌은 직원몰입도 점수였다. 전국의 다른 병원들과 비교했을 때 프레스비의 백분위등급은 50이었다. 물론 그 상태면 나쁘지 않다고 생각하고 그냥 만족하면서 늘 그랬던 것처럼 지내는 게 쉬울 수도 있었다. 그 정도면 평균이네, 나쁘지 않아! 그러나 리더십팀은 만족할 수 없었다. 더구나 HCAHPS 측정 방법의 변경이 진행 중이었고, 정부가 환자만족도 점수를 의료서비스 공급자에게 돌아가는 연방정부의 예산 지원과 연관시키는 제도를 곧 시행할 예정이었기에 더더욱 만족할 수 없었다.

직원들의 적극적이고 자발적인 참여와 환자만족도 점수가 직접적으로 연관되어 있다고 믿었기 때문에 두 마리 토끼를 한번에 잡을 수 있는 방법으로 즐거운 시간을 갖도록 총력을 기울였다. 프레스비에 있는 팀에서는 연속적으로 직원 공개 토론회를 개최했다. 이 토론회는 200에서 300명의 직원들이 모여 환자경험 향상과 관련된 문제와 아이디어를 논하는 내부 모임이었다. (직원들과 의사소통하고 직원들에게서 피드백을 얻는 부분은 제7장에서 자세히 다루도록 하겠다.) 모든 사람들의 일정을 감안해서 한 시간짜리 모임으로 총 열여덟 번의 회의를 시작할 때마다 병원의 미션, 비전, 가치를 확인하고 검토했다. 그러고 나서 조직의 목표에 관한 토론을 시작하도록 했다.

슬슬 당신이 하품하는 소리가 들려온다, 아~함!, 그렇지 않은가? 당시에도 회의에 참석한 사람들이 이런 반응을 보일 거라 예상한 브릿과 동료들은 일종의 비정상적인 무언가를 시도하기로 마음

먹었다. 회의를 재미있게 만들고자 한 것이다. 어떻게? 진흙인형 미스터빌^{Mr.Bill}을 등장시키거나 나름의 방식으로 만든 〈스타워즈^{Star Wars}〉 형태의 뮤직비디오를 제작해 상영했다. 참가자들에게 선물을 주고 티셔츠를 뿌렸다. 심지어 고위 임원들이 멕시코 노상강도 복장까지 하며 변화를 꾀했다.

다른 사람의 경험에서 최대한 많은 것을 배우기 위해 참석자 한 명 한 명에게 그들의 생각을 묻는 조사를 실시했다. 불행히도 참석자들의 반응은 예상했던 것과 크게 다르지 않았다. 모든 사람들이 이런 변화를 좋아한 건 아니었다. 예전엔 안 그러더니 갑자기 달라지는 모습에 낯설고 불편하다는 사람들도 있었다. 그보다 더한 표현을 쓴 사람들도 있었다. 이런 행동이 초등학생 노는 것 같다고도 했다. 더 이상 조사고 뭐고 할 필요도 없었다. 어떤 부서의 직원들은 관중석에 앉아서 팔짱을 낀 채 무대 위 우스꽝스러운 사람들을 멀뚱히 쳐다보기만 했다.

그 정도에서 모든 걸 접는 게 옳았을까. 즐거움이고 뭐고 없던 일로 하고 다시 예전처럼 돌아가면 편안했을지도 모른다. 하지만 바로 그런 때가 위험한 순간이다. 그들이 필요로 하는 변화에 불을 붙이기 위해서는 그들 자신이 물탱크 위 의자에 앉을 수밖에 없었다. 과거의 우리 모습은 우리가 원하는 모습과는 달랐다. 과거에 우리가 하고 있던 일들은 우리를 우리가 원하는 목적지로 제대로 이끌지 못하고 있었던 것이다.

자, 이제 테이프를 빨리 감아 다음 해로 넘어가 보자. 지난 12개월 동안 브릿과 동료들은 새로운 유니폼과 복장 규정을 마련했다.

'야식이 빛나는 밤에' 프로그램(제4장에 나온다.)을 시작했고 새로운 회진 시스템도 도입했다. 그리고 피자 수백 판과 엄청난 양의 아이스크림을 대접하면서 중앙 홀에서 축하행사나 신나는 시간을 가졌다. 수술실팀에서 뛰어난 결과를 달성했을 때에는 비닐과 판초를 두른 채 사이다로 샤워를 하기도 했다. 우리가 함께 일하는 직원들의 목소리를 듣고 있으며, 무엇보다 직원들이 하는 말에 관심을 가지고 신경 쓰고 있다는 점을 보여 주었던 것이다.

그 결과는 엄청났다. 1년 만에 직원들의 참여도 점수가 백분위 등급 50에서 81로 올라갔다. (이 책을 쓰고 있는 즈음에는 백분위등급 93까지 죽 올라가고 있다.) 직원 공개토론회를 개최해서 공통된 목표를 재확인했고 서로의 관심사를 들어 주었으며 모든 이들에게 이 과정을 조금이라도 즐겨야 한다는 점을 상기시켰다. 브릿은 직원들에게 그들의 생각과 행동이 병원에 얼마나 중요한지를 보여 주었고 직원들은 이에 긍정적으로 반응했다. 브릿의 입장에서는 처음에 어느 정도 위험을 무릅쓰고 시작하긴 했지만 결국 대박을 터뜨린 셈이었다.

토론회를 다 마치고 나서 직원들을 대상으로 다시 조사를 하면서 이번에는 질문을 하나 더 추가했다. '직원 공개토론회가 재미있었습니까?'라는 질문이었다. 직원들 중 13퍼센트가 전혀 즐겁지 않았다고 답했다. 이는 곧 87퍼센트가 즐거웠단 말이나 마찬가지였다. 그 정도면 괜찮은 것 아닌가? 그런데 흥미로운 점은, 재미없었다고 대답한 13퍼센트가 일에서 마음이 떠난 사람들과 어떤 연관성이 있느냐 하는 것이었다. 당신도 이 둘 사이의 연관성을 어렵지 않게 알 수 있으리라 본다. 즐기지 않는 사람과 자기 일에 적극적이지 않은 사람은 십중팔구 같은 사람이다. 즐겁게 일하는 것의 중요성을 믿는 직원들을 찾기 위해 노력하는 리더의 입장에서는 직원 채용 및 인사와 관련해 힘든 결정을 할 수밖에 없다는 사실을 말해 주는 대목이다. 이에 관해서는 제6장에서 다룰 것이다.

의사가 재미를 알아?

재미없는 사람들에 관해 이야기하자면, 사실 의사들을 빼놓을 수가 없다. 우선, 미국에는 전 세계적으로 가장 유능하고 똑똑한 의료진들이 있다. 하지만 그 수준에 오르기까지 희생이 따른다. 보통 사람들은 대학에서 즐거운 시간을 보내는 반면 의사 지망생들은 학교 도서관에서 책에 얼굴을 파묻은 채 16년을 보내야 한다. 16년을! 그런 시간을 보내고 책 더미에서 벗어나 완전한 의사로 거듭나는 순간 그들의 말은 곧 법이 된다. 문제는, 이들이 머리는 뛰어난데 우리처럼 재미를 추구하는 사람들을 여전히 꺼리고 멀리하는 사람들이라는 사실이다.

하지만 그렇다고 해서 의사는 즐길 줄도 모르는 사람이라는 말은 아니다. 아주 재미있는 의사들도 있긴 하다. 그러나 의사들은 차분하고 신중해야 한다고 교육받았다. 물론, 로빈 윌리엄스^{Robin Williams}가 주연한 영화 〈패치 아담스^{Patch Adams}〉의 주인공처럼 예외인 의사도 있다. 하지만 심지어 패치 아담스도 항상 웃기진 못했다.

환자의 경험을 고려할 때 의사는 우리의 가장 훌륭한 협력자가 될 수도 있다. 우리도 환자를 돌보는 일에 도움을 주려고 애쓰기 때문이다. 환자 개개인에게 바치는 의사들의 열정과 헌신은 진실하고 각별하다는 점에서 우리와 같은 노력을 기울이는 동료가 될 수 있다. 하지만 다른 한편으로 의사들은 긴장을 풀고 틈을 보이거나 특히 팀의 일원으로 참가하고 일하는 부분에 대해서는 배운 적이 없는, 그러면서도 자부심이 넘치는 사람이다. 그래서 병원 내 다른 직원들의 눈에는 의사들이 함께 일하기 어려운 존재로 보인다. 실제로 괴롭힘을 당하는 간호사들을 보호하기 위한 웹사이트www.stopbul-lyingnurses.com가 있는 걸 보면 이런 문제가 존재하긴 하는 것 같다. 이 웹사이트를 보면, 90퍼센트가 넘는 간호사들이 고함이나 모욕 등의 언어 학대를 당한 적이 있다고 한다. 의사들이 다정함과는 거리가 멀다는 소리를 듣는 이유 중 하나가 이런 것 때문이기도 하다.

그렇긴 하지만, 잊기 힘들 정도로 멍청한 의사가 있는 반면에 배려를 아끼지 않는 훌륭한 의사들도 많다. 그래, 사람들은 늘 안 좋은 걸 기억한다. 하지만 팀의 일원으로서 조용하게 다정한 태도로 일하는 많은 의사들, 환자의 안위를 최우선으로 여기고 그 마음을 표현하는 의사들을 보면 그들이 환자경험을 얼마나 소중하게 생각하는지 보이기 시작한다.

이 모든 점을 고려할 때, 의사들에게 즐겁게 일하는 마음을 심어준다는 게 녹록지 않은 일이 될 수도 있겠다는 생각을 당신도 할 것이다. 솔직하게 말하겠다. 그래, 어렵다. 이 말은, 권위로 똘똘 뭉친 의사가 하얀 가운을 벗어던지고 사람들에게 자신을 편안한 호칭으로 불러 달라고 부탁하거나 자신을 웃음의 대상으로 삼을 수 있게 하려면 리더들이 옆에서 도와야 한다는 뜻이다.

앞에서도 언급했지만 의사들에게 장난 섞인 행동을 이끌어 낼 수 있다면, 마술 같은 일이 벌어진다. 프레스비에서 만든 비디오 중 가장 뛰어난 장면은 의사들이 수술실에서 비치보이스^{Beach Boys}의 '서핑 USA^{Surfin' USA}'를 부르는 모습이다. 둘이 웃다가 하나가 죽어도 모를 정도로 웃긴다. 메디컬시티에서는 의사들을 설득시키는 데 더 많은 고생을 했다. 병원에서는 의사들에게 반 헬렌^{Van Halen}의 노래 '점프^{Jump}'에 맞춰 뮤직비디오를 만들 계획이니 참여해 달라고 부탁했다. 의사들이 여기저기서 뛰어오르는 장면을 음악에 맞춰 삽입할 계획이었다. 진료기록의 철저한 작성을 위해 '도약'의 중요성을 강조하려는 의도를 비디오에 담으려 했다. 설득력이 떨어진다고? 당연하지! 그렇지만 기발한 아이디어였고 그 아이디어가 나왔을 때 모두들 좋다고 난리였다. 그런데 열다섯 명의 의사들에게 비디오 제작에 참여해 달라고 막상 부탁을 하니 주춤거리면서 서로 곁눈질하고 눈치만 보는 게 아닌가. 그들도 관심을 가졌을지 모르나 자기들만의 규범과 동료 집단에게서 받는 무언의 압박 때문에 몸을 사릴 수 있다는 점을 우리가 미처 파악하지 못했던 것이다. 얘기를 들으며 눈이 반짝거리는 걸 보니 비디오 제작에 참여하고 싶어 하는 의사들의 속마음을 알 수 있었다. 하지만 모두들 이런 생각을 하고 있었다. 나는 의사이고 사람의 생명을 다루는 사람이야. 방정맞은 행동은 금물이야.

결국엔 의사들을 한 명씩 붙들고 지시를 내린 후에야 하나둘씩 참여하면서 비디오 제작 속도에도 불이 붙기 시작했다. 제일 먼저 과장급 의사를 책상 뒤에서 뛰쳐나오게 하는 장면으로 시작을 하니 다른 의사들도 말을 듣기 시작했다. 어느 순간 정신을 차려 보니 의사들이 여기저기서 마구 뛰어내리고 있었다. 한 번씩 뛸 때마다 연기도 좋아졌다. 나중엔 지시를 따르지 않고 자기 멋대로 뛰어내리는 의사들을 막아야만 했다. 막지 않았으면 그 의사 엉덩이뼈에 금이 가는 상황을 맞이할 뻔했다.

리더들이 재미를 권장하는 문화를 조성하면 어떤 일이 벌어지는지 그 힘을 확실히 보았는가? 솔직히 말하면 우리도 아직 충분한 단계까지는 가지 못했다. 여전히 재미있게 일한다는 말에 불편함을 느끼는 의사들이 많다. 하지만 의과대학을 졸업하는 X세대와 Y세대의 미래 의사들에게 희망을 걸 수 있다는 점은 희소식이 아닐 수 없다. 이들에게는 아직도 공부해야 할 날들이 많이 남아 있지만 그래도 책에만 파묻혀 지내던 선배 세대에 비해 스터디그룹에서 더 많은 시간을 보낸다. 권위적이 아닌 변혁적 리더십을 받아들이며 자란 이들은 선배들보다 팀 문화에 익숙하고 집단의 역학 관계에 대한 이해도도 높다. 실제로 일부 병원에서는 의사를 채용하면서 의사의 기술적 감각만큼이나 대인 관계 능력과 협업 능력을 중시하기 시작했다. 예전엔 들어 보지 못했던 말이다. 리하이밸리 헬스시스템의 최고경영자인 론 스윈파드는 자기 병원과 사우스플로리다대학교University of South Florida가 협력해 이해심과 동정심이 많은 의대생들을 찾는 데 도움을 주고받는다고 한다. 리하이밸리에서 의사를 채용할 때 중요하게 여기는 지원자의 특성이 이해와 동정이기 때문이다.

미래의 의사들은, 지난 몇 년간 극심하게 복잡해진 분야에 발을 들이게 될 것이다. 20년 전의 의사들은 일곱 개 정도의 약만 구분할 줄 알면 됐다. 요즘 약은 콜레스테롤과 혈압은 물론이요 이것저것 낮추는 약까지 합하면 수백 종에 달한다. 현재 의사들은 정보의 홍수 속에서 살고 있으며, 이는 혼자 힘으로 모든 걸 다 하는 게 불가능하다는 뜻이다. 약사, 영양사, 임상간호사 등 여러 학문 분야에 걸친 팀들과 함께 일하는 새로운 시대가 되었다. 예전에는 의사들이 병원 간판을 내걸고 자기 혼자만을 위한 사업을 하고 싶어 했다. 하지만 새로이 등장하는 의사들은 혼자 일하기 싫다고 말한다. 자기 자신보다 큰, 어떤 팀의 일원이 되고 싶어 한다. 어쩌면, 혹시 어쩌면, 이 새로운 의사들은 가끔씩 농담에 웃음을 터뜨릴 의향이 있을지도 모른다. 그렇게만 된다면, 모두가 행복한 멋진 날이 올 것이다.

재미가 중요한 이유

다음 주제로 넘어가기 전에 재미가 왜 중요한지 짚고 가도록 하자. 궁극적으로 재미가 환자경험을 향상시키는 데 도움을 주기 때문이다. 이러니저러니 해도 우리가 여기 있는 이유도 그 때문이고. 리더로서 우리가, 여유 있고 편안한 마음을 가진, 최소한 순수하고 진실된 사람인 것처럼(!) 행동할 수 있는 사람들로 의사, 간호사, 보조인력들을 채울 수 있다면, 우리는 올바른 방향으로 나아가는 게 맞다. 이는 우리가 환자들과 서로 이해하며 관계를 맺어 가면서도 재미를 누릴 수 있는 방법 또한 찾을 수 있다는 뜻이기도 하다.

당신이 한 지역에 있는 병원 안으로 걸어 들어가고 있다고 생각해 보라. 로비를 지나고 의사를 만나러 가기 위해 승강기 단추를 누른다. 승강기 문이 열리고 안에 들어선 당신은 깜짝 놀란다. 승강기 안에, 양복을 입고 책상에 앉아 있는 웬 남자가 큰소리로 인사를 하는 게 아닌가. "안녕하세요, 승강기에 타신 여러분을 환영합니다." 자, 깜짝 놀라서 도망치지 않았다면 그 남자가 누구인지 한번 보라. 여러분과 승강기에 함께 타고 있던 남자는 그 병원의 최고경영자인 브릿이다.

이건 실제로 있었던 일이다. 어쩌다가? 브릿의 이런 행동은 모든 직원들에게 승강기 안에서 보내는 시간에 대해서 다시 한번 생각해 보는 기회를 제공했다. 승강기 안의 분위기가 어떤지는 당신도 잘 알지 않는가? 승강기에 탄 사람들 모두가 서로서로 눈길을 피해 다른 곳으로 시선을 돌리고 어색한 정적이 모든 걸 휩싸고 있는 그런 분위기 말이다. 이런 분위기가 병원을 방문하는 환자나 그 가족들에게 좋은 경험을 선사할 리 없다. 브릿과 그의 팀은 뭔가 특이하고 (기왕이면) 재미를 주는 행동을 통해 환자경험을 향상시키고자 했다. 그의 행동은 환자에게 웃음을 선사함으로써 직접적인 영향을 주었다. 그뿐만 아니라 모든 사람들에게 언제 어디서건 기회만 된다면 먼저 손을 내밀어 환자들(그리고 동료들)과 유대감을 형성하도록 권장하는 메시지를 전달함으로써 간접적으로도 영향을 주었다. 다시 한번 말하지만, 재미는 궁극의 목표, 즉 환자경험의 향상을 위해 추진력을 더하기 위한 방법으로 사용한다는 게 핵심이다.

의료계의 주역인 우리는 또한 즐거운 시간을 보낸다는 개념을 직원을 넘어 가족과 공동체사회로까지 확장할 수 있다. 예를 들어, 베릴헬스는 작은 동네만 한 크기의 오래된 월마트 건물에 자리하고 있는데 매년 할로윈 전날에는 기본적으로 영업을 하지 않는다. 그 대신 아이들이 와서 '트릭 오어 트릿Trick or Treat'을 외치며 사무실 칸막이 사이사이를 돌아다닐 수 있게 해 준다. 또한 1년 중 몇 차례 주차장에서 카니발을 주최하기도 한다. 그뿐만 아니라 매달 〈베릴라이프Beryl Life〉라는 잡지도 발행하여 회사 이야기와 함께 창의적 공예 작업 방법을 소개한다. 다시 말해서, 직장에서 보내는 즐거운 시간이 퇴근으로 끝나지 않고 각 가정에까지 전달되도록 한다. 어디를 가든 즐거움을 지니고 다닐 수 있도록 한 것이다.

말하자면 덩크 탱크에 빠지기로 한 것도 고의적인 결정이었다. 쉬운 일은 아니었지만 그만한 보람이 있었다. 그렇지만 경고하건대, 당신이 무슨 일을 하건 훼방꾼이 있기 마련이다. 당신의 행동을 지지하지 않는 사람은 항상 존재한다. 그래도 위험을 감수할 만큼의 보상이 따른다는 점을 말해 주고 싶다. 일터에서 재미있는 시간을 보낼 수 있게 해 주면, 심지어 의료서비스 전달처럼 심각한 일을 하는 곳에서도 즐거운 시간을 가질 수 있게 해 주면 상상치도 못했던 결과가 발생한다. 환자들이 느끼는 즐거움이 더 커질 뿐만 아니라 (감히 말하건대) 직원들의 일하는 즐거움도 더욱 커진다. 더 이상 뭘 바라겠는가?

다음 장에서는, 당신이 환자들은 물론 직원들과 그 가족 그리고 더 나아가 공동체까지도 생각하고 신경 쓰고 있다는 사실을 직원들에게 표현하는 것이 어떤 의미인지에 대해 알아본다.

CHAPTER 04 —————————————————————————————————

우리는 정말 관심을 기울이고 있는가?

병원 야간근무는 여간 힘든 일이 아니다. 사람 목숨이 왔다 갔다 하는 (부담이 큰) 응급 상황에 대처해야 할 뿐만 아니라 밤낮이 뒤바뀐 혼란스러운 일정 속에서 자신의 생활을 잘 관리해야만 한다. 사랑하는 사람들과 함께 시간을 보낸다는 건 꿈같은 얘기처럼 들릴 수 있다. 아침이 돼서야 눈을 붙이기 위해 피곤한 몸을 이끌고 귀가하는데 남편과 아이들이 문을 나서는 걸 보면 좌절감이 밀려오기도 한다. 대부분 정시 출퇴근을 하는 병원 간부들과 달리 밤새 일해야 하는 자신이 처량하고 하찮은 존재처럼 느껴진다. 야간근무 직원들이 일을 잘하는지 못하는지 저들이 어떻게 알 것이며 심지어 자리를 비운다고 해도 알기나 할까? 이런저런 불만이 쌓이다 보면 자신의 일에 환멸을 느끼기 쉽다.

만약 당신이 화상치료실 야간근무 책임간호사이거나 건물을 오가는 사람들을 세심히 살펴야 하는 보안 담당자라고 생각해 보자.

밤에 근무 중인데 웬 중년 남자 한 명이 장난기 가득한 활짝 웃는 얼굴로 바퀴 달린 탁자 위에 과자를 잔뜩 싣고 복도를 걸어오고 있다. 병원장하고 무척 닮아 보이는 이 남자는 당신 앞에 서더니 과자 하나를 먹어 보라며 권한다.

"초콜릿 칩스도 있고 오트밀 레이즌, 설탕 쿠키도 있으니 좋아하는 걸로 고르세요." 그 남자는 거기서 한동안 당신과 얘기도 나누며 일은 할 만한지 자기가 도와줄 건 없는지 등을 물어보기도 한다.

맛있는 과자를 먹다가 이 희한한 남자를 쳐다보니 자신도 모르게 웃음이 터져 나오고 결국 솔직하게 이것저것 말해 준다. 이 남자는 당신의 얘기를 진심으로 들어 주는 듯하다. 당신의 말을 다 듣고는 이렇게 대답해 준다. "제가 할 수 있는 일이 있는지 알아보죠." 그러고 나서는 당신과 악수를 나누고 등을 토닥인 다음 떠난다. 아니, 떠나기 전에 "이렇게 애써 주셔서 정말로 고맙게 생각합니다."라는 말을 잊지 않는다. 그 말을 듣는 당신의 기분은? 왠지 그 남자의 말에 믿음이 간다.

마음으로 시작하라

가슴에 손을 얹고 생각해 보자. 대부분의 사람들은 직장에서 듣는 말을 잘 믿지 않는다. 사장이 이걸 하겠다, 저걸 하겠다고 하는 말을 들으면 이런 생각이 든다. '그러시든지, 내 눈으로 봐야 믿지.' 또 사장의 이런 말은 어떤가. '우리는 마음 속 깊은 곳에서부터 여러분들을 생각하고 있습니다.' '여러분 없이

는 불가능했던 일입니다.' 이때 당신의 생각은 이렇지 않은가. '얼씨구, 월급이나 잘 챙겨 주세요.'

그런데 만약 마음속 깊은 곳에서부터 직원들을 생각한다는 고용주의 말이 사실이라면 당신에게 큰 감명을 주지 않겠는가? 만약, 당신의 상사가 당신의 가족이 어떻게 지내는지에 대해서도 진심으로 신경 쓰고 있다면? 그게 진심이라면 상사뿐만 아니라 직장의 전체 작업 환경에 대한 당신의 마음가짐이 바뀔 거라고 생각하지 않는가?

여기서 말하고자 하는 점은 중요한 미션이나 비전, 가치에 대해서는 얼마든지 말로 할 수 있다는 것이다. 그리고 사람들이 직장에서 즐거운 시간을 보내는 것을 용인하는 일도 중요하다. 하지만 우리가 리더로서 그리고 동료로서 같이 일하는 사람들을 대수롭지 않게 생각한다면 자신이 뱉은 모든 말은 냉소가 담긴 메아리로 돌아올 뿐이다. 말만 잘하지 실천은 전혀 하지 않는 사람이라는 점만 부각시킨 꼴이 된다. 우리가 말로만 그치지 않을 때, 직원들의 전반적인 생활에 관심을 가지고 있다는 걸 보여 줄 때 그들은 훨씬 더 적극적이고 자발적으로 업무에 몰입하게 된다. 그렇다면 이런 질문이 나올 수도 있다. '누군가에게 배려하는 법을 가르칠 수도 있을까?'

답하기에 앞서, '배려'라는 게 무슨 뜻인가? 우리에게 배려란 사랑이나 친절, 인정을 함축하고 있는 매우 중요한 단어다. 그리고 사람이라면 누구나 가족을 위해서든 동료 또는 입원한 환자를 위해서든 모든 사람들이 하루를 지내는 동안 여러 가지 방식으로 배려를 하며 산다고 믿는다. 리하이밸리 헬스시스템의 론 스윈파드는 이렇게 설명한다.

> 저는 신입사원 오리엔테이션이 있을 때마다 참석합니다. 거기서 슬라이드를 사용해 제가 자라 온 배경을 보여 줍니다. 제가 다녔던, 교실이 하나밖에 없는 학교 건물을 보여 줍니다. 슬라이드를 통해 소도시적인 가치를 보여 주는 거죠. 이것이 CEO에게 필요한 새로운 패러다임입니다.

론의 말에 전적으로 동의하는 바이다. 우리가 헬스케어^{health care}라는 말을 헬스와 케어로 따로 나눠서 보려고 하는 이유가 바로 이 때문이다. 그래야 우리의 도움을 필요로 하는 사람들을 보살펴 주는 직종에서 일하는 우리의 역할이 얼마나 중요한지를 제대로 부각시킬 수 있다. 작은 도시에 살면 다들 이렇게 하지 않는가? 병원 공동체도 여러 유형의 사람들이 오랫동안 서로 알고 지내면서 매일 만나고 함께 일하는 소도시와 마찬가지가 아닐까? 누군가를 소도시에서 함께 사는 이웃처럼 여긴다면 그 사람의 안녕과 행복에 신경써 주는 것이 용이해질 것이다.

그런 점에서, 스파크스 헬스시스템의 최고경영자 멜로디 트림블이 하는 얘기를 들어 보자.

> 한번은 병원 복도를 지나가다가 다소 남루해 보이는 한 남자를 보았습니다. 왠지 그 사람에게 마음이 쓰이면서 좋은 하루를 보내라는 인사

를 하게 됐습니다. 그런데 지나가던 그 남자가 저를 멈춰 세우더군요. 솔직히 그때는 겁이 나기도 했지만, 어쨌든 웃으면서 그 남자에게 다가갔습니다. 그런데 그 사람이 제게 이런 말을 하는 겁니다. "실은 저는 오늘 자살을 결심했어요. 하지만 마음속으로는 누군가 제게 친절하게 대해 주기를 간절히 바라고 있었나 봐요."

이 실제 이야기는 마음에서 우러나오는 친절함이 얼마나 큰 힘을 지니고 있는지 다시 한번 일깨워 준다. '누가 알아, 아무도 모르는 거라고…….'라는 말이 있지 않은가. 우리는 함께 일하고 살아가는 사람들의 삶에 어떻게 영향을 끼치는지 전혀 알지 못한다. 우리는 직원들이 우리에게서 그런 배려의 마음을 분명히 느낄 수 있도록 해야 한다. 그런 배려를 느낀 직원들이 자기도 역시 일하면서 누군가를 보살피고 있다고 다시 한번 생각하게 되기 때문이다. 우리가 환자경험에 언제 어느 때 어떤 영향을 미치게 될지는 아무도 모른다.

배려를 허락하라

자, 아까의 질문, 누군가에게 배려를 가르칠 수 있느냐는 질문으로 돌아가자. 이 질문에 대한 답은, 우리가 느끼기엔, 대부분의 사람들이 이미 직관적으로 누군가를 도와주거나 보살펴 주기 위해 마음을 쓰고 있다는 것이다. 그들에게는 누군가가 나서서 그런 마음을 표현해도 괜찮다는 걸 보여 줄 필요가 있다. 나타내도 좋을 뿐만 아니라 그런 마음을 많이 나타낼수록 보상이 뒤따를 거라는 점도 보여 줘야 한다. 도와주고 보살피는 마음을 표현하는 것은 직접 환자를 대하는 의사만의 전유물이 아니다. 회사 임원도 구내식당의 요리사도 또는 청소부도 이런 마음을 나타낼 수 있다.

제3장에서도 말했지만, 이렇게 하려면 리더가 개입해서 모든 사람들에게 타고난 배려의 마음을 크고 작은 방식으로 행동에 옮길 수 있도록 문을 열어 주어야 한다. 리더가 할 수 있는 일은 먼저 솔선수범하면서 자기 사람들에게도 배려하는 마음을 표현해도 좋다는 허락을 해 주는 방법밖에는 없다. 3백만 제곱피트* 크기의 병원을 책임지는 원장이 밤 12시부터 새벽 3시까지 복도를 돌아다니며 과자를 나눠 주고 직원들과 유대감을 이어 가는 이유가 바로 이 때문이다. 자신의 배려하는 마음을 보여 주기 위해 시간을 내려면 목표와 행동이 필요하다. 하는 척 시늉만 내서는 통하지 않는다. 시간을 내서 도와주고 보살펴 주고 싶은 마음이 있다는 걸 표현하면 감사와 존경, 동료애가 곧 따라온다. 그 시점부터 충족감과 덕행이 이어지며 꼬리에 꼬리를 물듯 흘러간다. 배려하는 마음이 입소문을 타고 퍼져 나간다.

뉴멕시코에 있는 장로 헬스케어서비스^{Presbyterian Healthcare Service}의 최고경영자 짐 힌튼^{Jim Hinton}이 해 준 얘기를 함께 살펴보자.

---

* 약 84,000평.

신입직원 오리엔테이션마다 제가 하는 얘기가 하나 있습니다. 심장 수술 환자를 관리하는 간호사에 관한 이야기입니다. 뉴멕시코 주 외곽 지역에 사는 어느 환자의 가족이 갑작스럽게 병문안을 오게 됐습니다. 그런데 급히 오느라 미처 옷을 챙기지 못했습니다. 이 간호사가 한 이틀 정도 지나서 보니까 환자 가족들이 첫날부터 계속 같은 옷을 입고 있는 겁니다. 그래서 그 간호사가 수술복을 여러 벌 들고 가서 가족들에게 말했죠. 입고 있던 옷을 벗어서 주면 자기가 집에 가져가서 세탁하고 다음 날 가지고 올 테니 하루만 수술복을 입고 있을 수 있겠느냐고요. 제가 이 일화를 든 이유는, 도움을 필요로 하는 환자나 보호자들의 마음을 직원이 진심으로 헤아려 주는 게 어떤 건지를 가장 잘 나타내는 사례라고 생각하기 때문입니다.

환자를 보살피는 마음과 행동이 이 정도인 동료를 본다면 어느 누가 따라 하지 않겠는가.

여기서 중요한 점은, 배려하는 마음을 표현하는 방식이 사람들 모두 다 똑같을 수는 없다는 사실이다. 우리 둘만 봐도 그렇다. 예를 들어, 브릿은 포옹으로 마음을 표현한다. 누구에게나 힘차고 따뜻하게 포옹을 한다. 브릿은 이런 방식으로 물리적 장벽을 허문다. 직원들도 브릿이 눈치채지 못하고 있을 때 느닷없이 포옹하며 그에게 반격을 가한다. 브릿은 자기의 이런 관리 스타일이 열다섯 살때 병원에 몇 주간 입원했던 경험 덕분이었다고 회상한다. 당시 그는 신체의 20퍼센트 정도에 화상을 입어 병원에 입원했었다. 극심한 통증과 싸워야 했지만, 브릿에게는 자신을 보살펴 주던 사람들이 보여 준 사랑이 고통보다 더 큰 기억으로 남아 있다. 브릿은 원래부터 과학과는 거리가 먼 (아예 친해질 수 없는 그런 사이!) 사람이지만 대신 자신이 어떤 능력을 가지고 있는지 알고 있었다. 그는 다정하고 친절한 성격을 타고났으며, 자기가 받았던 사랑과 친절, 배려하는 마음을 다른 이들에게 제공하는 데 자신의 성격을 충분히 활용했다. 처음에는 모르몬교* 선교사로, 그리고 최근에는 병원 최고 경영자로 전 세계 사람들을 위해 그 역할을 수행했다.

기억할지 모르겠지만 폴은 브릿에 비해 상당히 내성적인 성격의 소유자다. 사람들에게 다가가 포옹이나 신체적 접촉을 하는 건 물론이고 주말에 어떻게 지냈는지 애들은 어떤지에 대해서 얘기하는 것조차도 불편하게 생각한다. 원래 태어나길 그렇게 태어났다. 그래도 아무 문제는 없다. 브릿과는 다르지만, 부모님이 가르쳐 준 인생의 가치를 표현하는 방식을 알고 있기 때문이다. 폴은 자신이 대접받고자 하는 방식대로 상대방을 대접하라는 대인 관계의 황금률을 지키며 산다.

예를 들어 폴은 베릴케어^{Beryl Cares}라는 프로그램을 통해, 회사의 중심에서부터 배려하는 마음을 보여 주는 시스템을 적극 활용한다. 베릴케어 위원회는 웹사이트와 데이터베이스를 관리한다. 중요한 날짜에서부터(생일, 기념일 등) 가족의 죽음이나 질병 또는 심지어 목표 달성(예를 들면, 마라톤 완주) 등 직원들과 관련해 중요하다고 생각

---

* 예수 그리스도 후기 성도 교회가 정식 명칭이며 1830년 미국에서 창시된 그리스도교의 한 교파이다.

하는 소식들을 모두 기록한다. 중요한 행사가 열리거나 기념일이 돌아오면 이 시스템이 폴과 회사의 다른 리더들에게 행사 관련자 사진이 담긴 이메일을 보내 소식을 알려 준다. 전자통신을 통해 순식간에 연락이 가능하지만 폴은 매일 아침 15분 동안 직접 손으로 글을 쓴다. 축하나 위로, 그들의 '가족'에게 중요한 행사가 있을 때마다 친필로 편지를 적어 해당 직원의 집으로 보낸다. 비록 편지를 쓰는 데 많은 시간을 할애하진 않지만 폴은 이 시간을 베릴헬스 가족 구성원에게 바치는 소중한 순간으로 생각한다.

베릴헬스의 배려 문화는 일반적인 사장과 직원의 관계를 넘어서는 수준으로, 동료 한 명 한 명에게 깊은 영향을 준다. 베릴헬스에서 일하는 모든 사람들이 스무 살짜리 쌍둥이 형제를 위해 발 벗고 나설 수 있었던 것도 이런 배려의 문화 덕분이었다. 화재로 집과 모든 걸 잃고 빈털터리가 된 쌍둥이 형제가 있었다. 이때 베릴헬스 직원들이 즉시 모여 기금 마련을 위해 빵을 구워 팔고 자신의 휴가까지 반납해 가며 도왔다. 그리고 이렇게 마련한 1,500달러에 회사가 1,500달러를 더한 돈으로 두 젊은이가 다시 일어설 수 있도록 도움을 주었다.

다른 사람들을 위해 마음을 쓰는 모습, 그리고 남을 돕기 위해 자신의 희생도 감수하면서 신속히 단합하는 모습에서 엄청난 힘이 느껴진다. 굿 사마리탄 병원의 최고경영자 앤디 리카는 환경미화원인 마리아라는 여인의 예를 들어 이런 현상을 설명한다. 이는 당신이 내 뒤를 봐주면 내가 당신 뒤를 봐주겠다는, 일종의 누이 좋고 매부 좋은 '팃—포—탯Tit—for—Tat, TFT' 전략과 흡사하다.

마리아라는 한 여성을 알고 있습니다. 마리아의 가족도 알고요. 마리아 아들이 비극적인 죽음을 맞이했다는 것도 알고 그 장례식에도 갔었습니다. 마리아가 식료품을 사기 위해 마련한 400달러를 도둑맞았을 때는 제가 제 지갑에서 400달러를 꺼내서 주었죠. 왜냐하면 제가 마리아를 보살펴 줄 것이기 때문입니다. 저는 마리아를 돌볼 것이고 마리아는 저를 돌볼 것입니다. 마리아는 환자들과 병원 로비를 돌보면서 자기 일뿐만 아니라 자기에게 주어지지 않은 일도 알아서 열심히 하는 사람입니다. 바닥이 젖어 미끄럽다면 마리아는 환자든 방문객이든 직원이든 아니면 자원봉사자든 그 누구도 미끄러져 넘어지지 않도록 바닥을 닦습니다. 마리아는 복도에 떨어진 쓰레기를 그냥 보고 지나치지 않으며 우리 병원의 어떤 부분도 더러워지게 내버려 두지 않을 겁니다. 마리아와 저는 청결하고 안전한 병원을 만들기 위해 힘을 모읍니다. 저는 마리아를 위해 최선을 다할 것입니다.

앤디가 지적한 대로, 함께 가까이에서 일하는 사람들은 서로가 서로의 편안함과 행복을 신경 써 주면서 도움을 주고받는다. 때로 사람들은 서로를 돌봐 주기 위해 스스로 발 벗고 나선다. 이와 관련된 아름다운 사례가 하나 있다. 몇 년 전, 폴이 타고 다니던 회사 차량(2000년식 토요타 캠리) 리스 계약이 끝나게 되었다. 그런데 폴은 차량을 반납하는 대신 회사 차원에서 그 차를 직원에게 기부하자고 했다. 동료 직원들이 선정한 행운의 직원에게 차를 주자는 계획이었다. 자, 당신은 이 괜찮은 차를 얻기 위해 직원들이 저마다 자기 이름을 적어 넣고 다른 동료들에게 로비를 벌이는 모습을 상상할 것이다. 그런데 막상 개표를 해서 행운의 주인공을 찾아보니 거의 모든 사람들이 한 사람의 이름('마이클'이라 부르자.)을 적었다는 사실을 알게 되었다. 폴과 베릴헬스의 다른 임원들은 모르고 있었지만, 마이클에게는 차가 없었다. 어머니가 타던 차가 고장 나는 바람에 자신의 차를 어머니께 드리고 본인은 걸어 다녔던 것이다. 매일 편도 11킬로미터를 걸어서 출근하고, 퇴근 할 때도 역시 같은 길을 걸어서 다니고 있었다. 그것도 텍사스의 뙤약볕을 무릅쓰고. 마이클이 날씬해 보인다고 생각은 하고 있었는데 (실제로 마이클은 몇 주 사이에 18킬로그램 정도 살이 빠졌다.) 이제야 그 이유를 알게 된 것이다. 무엇보다 중요한 사실은, 이 문제를 해결할 방법을 알고 있었던 동료들이 적극적으로 나서서 기분이 좋아지고 마음이 따뜻해지는 선물을 전달해 주었다는 점이다.

팀원들에게 인정받는다는 사실이 마이클에게 영향을 끼쳤을까? 그리고 그 일이 있은 후 회사와 동료들을 대하는 마이클의 생각과 태도가 어떻게 달라졌을까? 당신이 어떤 분야에 종사하든, 사람들이 서로 얼마나 신경 쓰고 소중히 여기는지를 보여 줄 수 있는 자유와 기회를 제공한다면 이런 놀라운 일이 벌어질 수 있다. 하물며 의료 분야에서, 환자는 위험에 처해 있고 직원들은 매일 정신적 충격과 긴장감을 달고 사는 그런 환경에서는 그저 자기 일을 하는 사람과 진정으로 일을 사랑하는 사람 사이에는 분명한 차이가 있을 수 있다.

배려를 평가하고 보상하라

회사의 성공과 가능한 한 최고의 환자경험 둘 다를 위해서, 사람들 안에 있는 배려하는 마음을 더 높이고 넓히도록 격려하고 싶다면(그렇게 하는 게 좋다.) 업무를 탁월하게 수행하는 직원들에게 보답할 수 있는 방법을 반드시 찾아야 한다. 직원들이 업무를 수행하면서 도와주고 보살펴 주기 위해 얼마나 마음을 쓰는지 인정해 줌으로써 우리가 직원들에게 관심을 기울이고 신경 쓰고 있다는 사실을 보여 줄 수 있다.

그런데 흥미로운 사실은, 일반적인 생각과 달리 직원들이 상으로 돈을 바라는 경우가 거의 없다는 점이다. 사실 심지어 많은 직원들이 가장 귀중하게 여기는 상은 자신이 받는 상이 아니다. 예를 들어, 메디컬시티에 밥^{Bob}이라는 사람이 있었다. 그는 '우리 아이들은 소중하다$^{Our\ Children\ Matter}$'라는 프로그램을 시작했다. 밥과 그의 파트너들은 직원 자녀들의 성취도에 따라 상을 주는 프로그램을 고안해 냈다. 전 과목 A 학점을 받았거나 명문대학에 입학했거나 21개 이상의 공훈 배지를 받은 보이 스카우트 단원인 이글스카우트$^{Eagle\ Scout}$가 된 아이들을 병원으로 불러서 많은 사람들이 보는 가운데 올림픽 금메달처럼 생긴 메달을 수여했다. 다른 '가족 구성원' 즉 동료 직원들에게서 인정받는다는 생각에 부모들은 무대 위에서 상을 받고 활짝 웃는 아이들만큼이나 기뻐했다. 아름다운 광경이었다.

여기서 주목할 점은, 병원 측 고위 관계자들이 이 프로그램에 개입해서 운영하거나 적어도 어떤 영향력을 끼칠 수도 있었지만 그렇게 하지 않았다는 점이다. 병원 측에서는 한 걸음 물러서서 이 프로그램이 순수하게 직원들만의 힘으로 흘러갈 수 있도록 장애물만 없애 주는 게 최선의 방책이라는 걸 곧 깨달았다. 우리는 병원 직원들이 자기의 동료들을 위해 이 프로그램을 운영할 수 있도록 내버려 두었다. 그 또한 병원에서 직원들에게 중요한 것이 무엇인지 신경 쓰고 있다는 걸 보여 주는 하나의 방법이었다. 직원들에게 이 행사는 마치 자신들의 '아이'와도 같은 것이었기에 병원에서 개입하는 순간 그 취지의 순수함을 빼앗는 일이나 다름없었다.

직원들이 처한 현실과 관심 사항을 감지하고 이해해 주는 방법을 사용한 곳은 메디컬시티뿐만이 아니었다. 베릴헬스에서도 아이디어를 활용해 회사 웹사이트에 '폴에게 물어보세요.'라는 코너를 만들었다. 이 코너를 통해 직원들은 익명으로 폴과 리더십팀에게 질문을 올릴 수 있다. 이는 직원들이 느끼는 가장 큰 불만 사항에 대해 토로할 수 있는 또는 가장 긴급한 문제에 대해 회사에서 답을 줄 수 있는 소통 공간을 만들자는 의도에서 나온 아이디어였다. 직원들이 직접 물어보기 껄끄러운 사항에 대해 논의할 수 있는 장을 만들어 주자는 의도였다. 그런데 결과는? 고위층에게 회사의 전략적 방향에 대해 집요하게 묻는 질문은 없고 '휴게실에 있는 토스터기 언제 고쳐 주실 건가요?'같은 질문들만 잔뜩 올라왔다.

여기서 눈여겨봐야 할 점은 리더 입장에서 중요한 것과 직원들이 생각하는 바가 엄청나게 다를 수 있다는 사실이다. 그 때문에, 베릴헬스에서는 학자금 지원 프로그램을 확장하려던 계획을 바꿨다. 베릴헬스에서는 업무 능력이 뛰어난 직원들이 더 많은 교육을 받기 원할 경우 학자금을 지원해 주었는데, 이를 아예 직원 자녀들을 위한 연례장학금 지원으로 방향을 틀었다. 자기가 다니는 직장의 고용주가 자기 자녀의 교육과 미래에 투자하는 자금을 지원해 준다는 사실에 직원들이 어떤 감정을 느꼈는지는 말로 설명하기 힘들 정도다. 병원에서는 직원 자녀들의 대학 등록금 지원을 통해 직원들과 관계를 구축하는 일이 직장을 바라보는 직원들의 시각에 얼마나 큰 변화를 불러오는지 금방 깨달을 수 있었다. 이런 경험을 하게 된 직원들이 '당신의 고용주는 진심으로 당신을 신경 쓰고 있습니까?'라는 질문에 어떻게 대답할지 쉽게 상상이 될 것이다.

말로만 하지 마라

앞서 언급했듯이, 당신이 진심으로 마음 쓰고 있다는 걸 보여 주려면 말로 끝나지 말고 행동으로 옮겨야만 한다. 예를 들어, 브릿이 살벌한 눈보라가 몰아치는 날이면 새벽 5시 30분에 자기 지프차를 몰고 병원에서 기차역으로 나가 떨고 있는 간호사들을 태워 오는 이유도 바로 그 때문이다. 아니, 단지 간호사들이 제 시간에 출근할 수 있게 도와주려는 마음 때문만은 아니다. 얼음장 같은 기차역에서 하루 종일 달달 떨고 있는 것보다는 병원에서 환자를 돕고 싶어 하는 간호사들의 마음을 잘 알기 때문에 직접 데리러 가는 수고를 마다하지 않는 것이다.

겨울 눈보라가 몰아치는 날이면, 폴과 관리자들도 학교 수업이 취소된 자녀들을 돌보느라 출근하지 못하고 집에 있어야만 하는 직원들이 많을 거란 판단 아래 콜센터 전화기를 붙잡고 일한다. 폴과 그의 팀은 일이 힘들어지는 날에 뒤로 숨거나 사라지는 대신 앞으로 나서서 자기 직원들 자리를 대신한다. 가족이 우선이라는 사실을 이해하기 때문이다. 당신의 상사가 직장에서 당신의 빈자리를 메워 주며 일했던 게 마지막으로 언제였는지 생각해 보라. 그것도 전혀 죄책감을 느끼지 않도록 배려해 가면서. 당신에게 그런 일이 있기나 했던가? 사실은, 당신 자신이 직원들을 위해 이런 행동을 한 번이라도 해 봤는지를 반성해 보는 일이 더 중요하다고 할 수 있다.

물론, 자기가 신경 쓰고 있다는 사실을 보여 주려 하다 보면 때로는 그 과정에서 실수를 하거나 판단 착오가 발생하기도 한다. 예전에 브릿은 CNO^{Chief Nursing Officer, 최고간호관리자}와 밖에서 따로 만나 얘기도 들어 보고 자기가 그 관리자의 생각에 마음 쓰고 있다는 사실을 알려 주고 싶었다. 두 사람이 느슨해진 유대 관계를 다시 돈독히 하는 시간을 갖고 싶었던 것이다. 하지만 병원 생활은 눈코 뜰 새 없이 바쁘고, 병원을 벗어나는 건 물론 점심 먹을 시간조차 빠듯할 때가 많다. 그래서 브릿은 CNO를 아무 생각 없이 자기가 가장 좋아하는 음식점으로 데려갔다. 웬디스^{Wendy's}로. 그렇다, 바로 그 웬디스 말이다. 사실 패스트푸드 음식점 중에서 웬디스는 상당히 괜찮은 편이다. 음식도 빨리 나오는 데다가 프로스티 아이스크림의 맛도 끝내주지 않는가? 그렇지만 안타깝게도 CNO는 감동보다는 충격을 받았다. 병원의 최고경영자가 자기에게 좋은 점심 한 끼 사 주는 것도 아까워한다고 생각했기 때문이었다. 다행히 나중에 그 CNO도 전후 사정과 브릿의 마음을 이해하게 되었다. 이제는 브릿이 가볍게 점심이나 먹자고 할 때마다 그녀가 먼저 웬디스로 가자고 고집을 부릴 정도다. 브릿에게 중요한 것은 장소가 아니라 시간과 관계 개선이었다. 그러므로 당신이 직원들에게 신경 쓰고 있다는 점을 보여 줄 때에는 당신의 행동을 설명하고 그 행동을 상대방이 어떻게 받아들일지를 이해할 필요가 있다.

보살핌과 배려에 관한 한, 조직과 리더는 반드시 진심을 담은 행동으로 보여 주어야만 한다. 행동의 중요성은 아무리 강조해도 지나치지 않다! 어디 독특하면서도 특이한 게 없는지 계속 자신에게 묻고 생각해야 한다. 당신이 진심에서 우러나오지 않은 가식적인 행동을 한다는 사실을 직원들이 깨닫기 시작하는 순간, 당신 주위의 모든 것들이 붕괴하기 시작할 것이다. 인디애나 주 포트웨인에 있는 파크뷰헬스^{Parkview Health}의 최고경영자 마이크 팩넷^{Mike Packnett}은 이렇게 말한다.

직원들의 자발적이고 적극적인 참여가 없으면 당신이 바라는 최상의 환자경험은 불가능합니다. 회진을 돌면서 그리고 새로 온 동료들이 말하는 걸 들으면서 그들이 로봇처럼 행동하고 말한다는 느낌을 받습니다. 하지만 일단 서로 통하게 된다면, 동료나 의사들에게 자신이 환자경험을 위해 얼마나 크고 중요한 역할을 맡고 있는지 깨닫게 할 수 있다면, 모든 게 달라집니다. 그 사람이 청소부이든 간호사든 신경외과의사든 관계없이, 이런 생각을 마음으로 받아들이는 순간 환자가 가장 중요하다는 사실을 깨닫게 돼죠. 단순히 환자만족도 점수나 직원몰입도 점수 때문이 아니라는 사실을 이해하게 됩니다. 우리가 점수를 매기는 것도 그 때문이에요. 하지만 여기서 중요한 건 점수 자체가 아니라 환자들이 우리에게 하는 이야기를 얼마나 잘 반영하고 있는가 하는 문제랍니다.

영화 〈뛰는 백수 나는 건달Office Space〉을 보면 사무실 어디에서도 웃음은 찾을 수 없고 사람들은 모두 자동조정 장치에 의해 움직이는 기계들 같다. 회사의 축하행사나 생일잔치에 참석했던 당신도 이런 경험이 있을 것이다. 간단히 말해, 직원들은 자기들을 위해 준다는 고용주의 말을 믿지 않는다. 그저 '입만 살아 있다'는 걸 안다. 영화에 나오는 이런 고용주 내지 상사들은 관심과 배려의 문화를 구축하기는커녕 그나마 남아 있는 것마저 약화시킨다. 이런 이유로 UCLA 헬스시스템의 최고경영자 데이비드 파인버그는 자기 사람들과의 관계를 진심 어린 관계로 상승·확산시키려 한다. 매주, 그는 무작위로 선정한 직원들을 점심식사에 초대한다. 함께 식사하면서 근무환경을 비롯해 직원, 환자, 가족을 돌보는 데 도움이 되는 아이디어에 대해 허심탄회하게 의견을 나눈다. 그는 7,000명에 달하는 회사 직원들을 모두 만나고 싶은 마음에서 다양한 노력을 기울이고 있으며, 점심식사도 그 노력의 일환인 셈이다. "탐색하는 겁니다. 한 번에 열 명씩 만나면서." 파인버그는 말을 잇는다. "직원들 이름을 일일이 기억하지는 못하지만"—세상에 과연 그런 사람이 있을까?—"일일이 만나 볼 수 있는 시간을 내려고 최선을 다하고 있습니다."

직원들을 배려하고 보살피는 면에서 단순한 관계 유지 이상을 만들기 위해 노력하는 조직이 또 있다. 베릴헬스에서는 회사의 기념일 말고도 직원 아들의 대학 졸업이나 딸의 스포츠 대회 우승 같은 날에도 손으로 직접 쓴 엽서를 보내 축하해 준다. 이런 엽서를 받은 사람들은 폴과 회사가 자신을 진심으로 생각해 준다는 사실을 깨닫는다. 그러면서 아마도 이런 생각을 할 것이다. '이야! 사장님이 이걸 어떻게 알았지?' 당신과 당신의 직원 사이가 개인적인 유대 관계로 이어질 때, 즉 직원들에게 중요한 일을 당신이 자기 일처럼 받아들이게 되는 순간, 그 뒤에 펼쳐지는 결과는 그저 놀라울 따름이다.

배려와 보살핌이 왜 중요한지를 보여 주는 또 다른 예는, 패기에 찬 어느 경영진 — '래리'라고 하자 — 이 일하는 병원에서도 찾을 수 있다. 래리는 자기 팀을 '닦달하는' 것이 성공을 달성하는 가장 효과적인 방법이라 믿었다. 그래야 자기 생각대로 사람들이 일하게 될 거라고 생각했다. 래리가 실제로 사람들을 윽박지르고 혼을 낸 것은 아니다. 대신 "더 쉽고 유용한 대안을 찾아야 합니다."라든가 "집중해서 이뤄 내야만 합니다."같이 사무적인 어투를 많이 사용했다. 지극히 사무적이고 교과서적인 말들이 많았다. 참으로 안타까운 사실은 래리가 아주, 정말로 좋은 사람이었다는 점이다. 목적의식을 지니고 의료업계에 들어왔건만 일을 처리하는 과정에서 어찌어찌하다 보니 자신이 최고이고 전부라는 잘못된 생각을 하게 된 것이다.

어느 날 래리는 자기가 주도해서 열댓 명 정도 되는 팀원들을 소집한 다음 조직을 위한 자신의 개인적 목표에 대해 얘기했다. 얘기의 요점인즉, 자신이 정한 목표들을 달성하는 데 직원들 개개인의 도움이 필요하다는 내용이었다. 자, 지금쯤이면 당신도 래리의 말투에서 수상한 낌새가 느껴지면서 경고등이 깜박이는 걸 볼 수 있지 않은가? 그렇다. 래리는, 자신을 위해 일하는 사람들이 자신의 목표에 대해서는 전혀 신경 쓰지 않는다는 사실을 깨닫지 못하는 오류를 범했다. 상사가 자기들에게는 눈곱만큼도 신경 쓰지 않는데 직원들이 뭐가 좋다고 래리의 개인적인 목표를 위해 일하겠는가. 당시 래리는 자신에게 '배움의 순간'이 절실히 필요하다는 사실을 깨닫지 못하고 있었다.

다행히도, 래리의 상사는 래리에게서 잠재적 가능성을 엿보았다. 그는 래리에게 엄연하고도 명백한 사실을 알려 줬다. 직원들이 래리에게 신경 쓰고 마음을 주기를 바라기 전에 래리가 먼저 직원들에게 관심을 쏟아야만 한다는 것이었다. 그 말을 듣는 순간 래리는 깨달음을 얻고 급격히 변하기 시작했다. 래리가 직원들에게 존중심을 보이고 관심을 쏟으면 쏟을수록 직원들도 조직의 목표를 위해 더욱 뭉치기 시작했다. 래리는 직원들에게 마음 주는 법을 배움으로써 더 강한 조직을 만들었을 뿐만 아니라 리더로서의 신임도 높아졌다.

여기서 얻을 수 있는 교훈은 바로 이거다. 리더로서 당신이 관심과 배려를 통해 조직을 개선하고 개인적·직업적 만족을 얻고 싶다면 당신의 노력에는 목표의식이 있어야 하고 의미가 담겨 있어야 한다. 진심에서 우러나와야 한다는 말이다. 이기적이고 자기중심적인 목표를 세우면 안 된다는 말이다. 그리고 그 목표란 내가 아닌 다른 사람, 한 사람이 아닌 여러 사람들의 이익을 위한 것이어야 한다.

실행에 옮기다

진심 어린 마음과 분명한 목표의식이 담긴 배려가 전체적인 조직의 문화로 확실히 자리를 잡으려면, 자기 사람들을 돌보고 보살피는 끊임없는 노력이 필요하다는 점을 머릿속에 각인시켜야 한다. 물론 축하의 인사말을 건네거나 엽서 보내는 일을 깜박하는 등 가끔은 실수를 저지를 때도 있다. 하지만 의도적으로 빼먹은 게 아니라면, 평소에 꾸준하게 관심을 보여 주고 관계를 구축해 온 상황에서는 직원들도 이해할 것이다. 그러나 실수가 반복되면 언제든 위험이 따를 수 있다는 사실을 알아야 한다.

래리가 자기 사람들을 배려하는 게 어떤 건지 깨달음을 얻는다고 해서 모든 사람들이 래리가 이타적인 사람으로 변했다고 믿어주기를 바랄 수는 없다. 이런 것이 리더에게 닥치는 또 다른 어려움이기도 하다. 캐나다에서 살았던 브릿의 어린 시절을 보면 이런 상황을 이해하는 데 도움이 될 것이다. 주말이면 브릿의 가족들은 카누에다 짐을 잔뜩 싣고 해안으로 갔다. 일단 해안에 도착하면 장비를 갖추고 갯벌을 질퍽거리며 돌아다닌다. 그러다 15센티 정도 크기의 게를 찾으면 뜰채로 떠서 통에 집어넣는다. 문제는, 처음 잡은 게가 통에서 자꾸 빠져나오려하기 때문에 잘 감시해야 한다는 것이다. 그런데 게를 한 마리 더 잡는 순간부터는 걱정할 필요가 없어진다. 왜? 한 마리가 도망치기 위해 통을 기어오를 때마다 다른 한 마리가 그 놈을 붙잡아 아래로 끌어내리기 때문이다.

조직에도 이 같은 현상이 존재한다. 누군가 솔선해서 일을 시작하고 새롭고 흥미로운 일에 도전하지만 결국엔 새로운 일을 시작하는 데 관심이 없는, 통 속의 게 같은 사람들에 의해서 끌어내려진다. 이런 사람들은 당신이 왜 괜히 평지풍파를 일으키는지 이해하지 못한다. 이들은 현재의 상황이 어떤 위협을 가하는지 자기가 어떤 기회를 놓치고 있는지에 대해서는 모르쇠로 일관하면서 '모든 걸 그대로 두라.'고만 한다. 슬프지만 언제든지 당신의 다리를 잡아 끌어내리는 게들이 존재하기 때문에 당신은 리더로서 이들의 집게발을 뿌리치고 나올 수 있는 도덕적 용기를 갖출 필요가 있다.

자기 사람들과 의미 있는 관계를 구축하기 위해 시간을 내서 노력할 때 그에 따르는 보상은 이루 말할 수 없을 만큼 엄청나다. 조직의 경영이 더 효율적이 될 뿐만 아니라 (멋진 일이다.) 개인적으로도 당신이 예상치 못했던 수익을 거둘 것이다. (금상첨화다.) 먼저 다가가 함께 일하는 사람들에 대해서 더 많이 알기 시작하면 돈으로 얻을 수 있는 것 이상의 개인적 풍요와 동지애를 느끼게 된다. 또한 동료에 대한 이해심이 더욱 깊어지며, 장담하건대, 당신이 깨닫는 내용에 대해 스스로도 놀라게 될 것이다. 다른 사람들이 어떻게 가정을 꾸려 나가고 자식과 부모를 부양하며 질병이나 여러 어려움을 헤쳐 나가는지, 그들의 삶의 깊이를 진정으로 알고 느끼는 경험을 통해 겸손한 마음 또한 지니게 될 것이다.

베릴헬스에서도 브라이언이라는 직원을 통해 이 같은 경험을 한 적이 있다. 브라이언은 직원으로도 뛰어났지만 인간적으로도 훌륭했다. 그와 그의 아내는 중국에서 두 명의 어린이를 입양해 키웠다. 당시 55세이던 브라이언은 어느 날 충격적인 소식을 접한다. 암 말기 진단을 받은 것이다. 회사 전체가 충격에 빠졌고 그 소식을 듣고는 모든 사람들이 속상해했다. 몇 주 후에 회사 행사가 열릴 예정이었다. 브라이언은 휠체어를 타고라도 그 행사에 꼭 참석하겠다는 대단한 의지를 보였다.

행사 도중, 폴은 깜짝 뉴스를 발표했다. 그해 회사의 경영 성과가 목표치에 도달하지는 못했지만 모든 직원들에게 상여금을 지급하겠다는 내용이었다. 그렇게 하는 게 옳은 일이라고 생각했기 때문이다. 주위에서, 당신의 예상대로, 우레와 같은 박수가 쏟아졌다. 하지만 폴의 마음이 진정한 감동의 물결로 가득 찬 이유는 며칠 후 받은 편지 때문이었다. 브라이언이 손으로 쓴 편지에는 고맙다는 인사와 폴의 건강에 대한 염려로 시작해서 (당시 폴은 목의 신경 압박으로 고생하다 회복 단계에 있었다.) 행사 때 언급했던 상여금을 좀 더 좋은 일에 쓰기를 원한다는 내용이 담겨 있었다. "우리 모두 감사한 마음으로 이곳에서 일하고 있습니다. 상여금을 회사의 성장을 위해 재투자했으면 좋겠다고 생각하는 사람은 저뿐만이 아닙니다." 직원이, 더구나 아픈 사람이, 얼마든지 자신을 위해 쓸 수도 있을 텐데 상여금을 회사에 돌려주고 싶다고 말하는 걸 당신은 몇 번이나 들어 보았는가?

브라이언의 이야기가 이번 장의 핵심을 대변한다. 당신이 진심으로 직원들에게 관심을 주고 그들을 신경 쓸 때 직원들은 회사의 경영 성과를 향상시키는 방법으로 그 마음에 보답할 것이다. 관심과 배려가 얼마나 중요한지 정확하게 콕 집어서 판단할 수는 없을지 몰라도 손익을 따져 보면 개인적으로 실보다는 득이 훨씬 더 많을 것이다.

다음 장에서 살펴보겠지만 배려와 즐거움은 조직 내부를 벗어나 외부에서도 그 영향력을 이어 갈 수 있다.

CHAPTER

직장이라는 공간을 뛰어넘어

'자신이 속한 공동체사회의 중심은 무엇인가?'라고 누군가 물어본다면? 흠, 상당히 흥미로운 질문이라는 생각이 들지도 모르겠다. 먼저, 어떤 의미로 공동체에 대해 물어보는지 확실하지 않다. 소셜미디어와 과학기술이 빠르게 성장함에 따라 어느 곳에 있는 누구와도 공동체로 엮일 수 있는 시대가 왔다. 하지만 이 책의 주제를 벗어나지 않기 위해 공동체라는 개념을 각자가 생활하고 일하는 물리적 공간과 가까이에 살고 있는 사람들로 한정 짓기로 하자. 이 규정에 따르면 공동체는 댈러스—포트워스 같은 대도시가 될 수도 있고, 당신이 사는 한적한 동네의 거리가 될 수도 있다.

좋다, 공동체가 무엇인지는 정했으니 다시 질문으로 돌아가 보자. 자신이 속한 공동체사회의 중심은 무엇인가? '당연히 동네 한가운데를 가로지르는 대로가 중심이다.'라고 액면 그대로 대답할 수도 있고 아니면 '무엇을 원하든지 찾게 되는 월마트야말로 우리 지역의 중심이다.'라는 보다 실질적인 대답을 내놓을 수도 있다. 정치라는 말만 들어도 질색할 정도의 사람이 아니라면 '시청'이나 '마을회관' 쯤이 떠오를 수도 있다. 어떤 사람에겐 교회 같은 종교시설이나 특정 자선단체가 중심이 되는 경우도 있다. 그렇지만 지역병원이나 의원을 공동체의 중심으로 생각하는 사람은 아마도 없을 것이다. 왜냐하면 병원은 필요해야만 비로소 찾게 되는 곳이기 때문이다. 흥미로운 사실은, 사람마다 생각하는 공동체의 중심이 그 사람 자신에 관해 그리고 그 사람이 무엇을 중요하게 생각하는지에 관해 많은 점을 알려 준다는 것이다. 특히 대답에 직장이 포함되어 있다면 그 사람에 대해 더 많은 것을 알 수도 있다.

자기가 생각하는 공동체의 중심이 무엇이든지 간에 누구나 일터를 벗어나 존재하는 대상에 관심과 열정을 기울인다는 사실에 주목해야 한다. 집에서 재미로 하는 목공 같은 사적인 취미만이 아니다. 주말에 경기가 열리는 축구장에 나가 보면 다양한 사람들의 모습을 볼 수 있다. 서로 공을 차지하려고 겨루는 선수들이나 사이드라인 옆에서 소리치는 아이들, 그리고 응원하는 부모들 모두 온통 축제 분위기를 즐기고 있다. 또한 당사자 외에도 수많은 자원봉사자들이 기꺼이 시간과 노력을 들여 행사 진행에 애쓰는 모습도 보인다. 자원봉사자 상당수가 자기 자식이 경기에 참가하는 것도 아니지만 보다 큰 집단의 일원이라는 소속감을 중시하며 자라 온 것이다. 그 집단이 바로 그들의 공동체사회라 할 수 있다.

너무나 명백하지 않은가? 당신은 지역 자선행사에서 봉사자로 참가하거나 스포츠 꿈나무들을 지도하거나 때론 짜증나는 배심원 역할도 수행해 내는 등 다양한 활동을 통해 이미 공동체사회에 관여하고 있을 것이다. 그런 일들을 하는 이유는 마땅히 해야 할 일이라고 느끼기 때문일 수도 있고 너무 재미있기 때문일 수도 있다.

그러나 공동체 참여라는 것을 꼭 일터 밖의 생활로만 국한할 필요가 있을까? 자신이 몸담고 있는 직장과 이를 둘러싼 공동체 사이의 경계를 허물면 어떤 일이 벌어질까? 정을 나누며 즐겁게 지내는 폭을 자신이 일하는 직장동료들끼리만이 아닌 주위의 공동체까지로 넓힌다고 생각하기 시작하면 어떻게 될까? 직장 밖 소속집단에서 느끼는 흥미와 열정을 직장이 인정해 줄 때의 효과를 한번 상상해 보자.

보다 커다란 전체의 일원되기

보다 위대한 가치를 추구하는 사람이나 항상 친절한 태도로 눈에 잘 보이지 않는 세심한 부분까지 배려하는 사람들은 늘 우리에게 감명을 준다. 떨어진 책을 주워 주고 모르는 상대에게 꽃을 나눠 주는 행동처럼 사소하지만 감동적인 이야기들이 최근에 소셜미디어를 통해 많이 전해지고 있다. 가끔 감성을 건드리는 광고로 만들어져 상업적으로 이용되기도 하지만, 돈벌이와 상관없이 그 행위 자체가 숭고함과 엄청난 위력을 지니고 있다.

당신이 인식하든 못하든 당신의 회사 또는 조직의 성공은 의료업계에 있느냐 아니냐와 관계없이, 건물 안에서 일어나는 일과 건

물 안에서 활동하는 사람에게만 해당되는 게 아니다. 사실상 당신과 당신의 동료들은 모두 보다 큰 하나의 공동체 또는 여러 공동체의 부분에 속한다. 당신이 병원 운영자라고 가정해 보자. 그럼 당신에게 주어진 임무는 지역공동체에 봉사하는 일이다. 이 말이 당신 자신뿐만 아니라 직원 입장에서 의미하는 바를 생각해 본 적이 있는가? 직원들이 생각하는 공동체의 중심이 무엇인지 그리고 그에 따라 직원들이 무엇을 가장 중요하게 생각하는지 고민해 봤는가? 만약 직원들이 아이들에게 운동을 가르치고 음식 기부 자원봉사에 앞장서며 암 퇴치 기금마련 걷기대회에 참가하는 등 열정을 갖고 활동하는 일에 고용주가 사회 환원 차원에서 도움을 준다면 직원들이 어떤 반응을 보일지 궁금하지 않은가? 간단히 말해, 모든 것을 다 얻은 기분일 것이다.

예를 하나 들어 보자. 댈러스—포트워스 지역에 수영대회나 축구경기가 열리는 즈음이면 대회장 주변에 줄지어 늘어선 텐트를 목격할 수 있다. 텍사스에서는 관중들이 더위를 피하고 아이들이 땀을 식히는 장소로 텐트를 유용하게 사용한다. 경기에 출전하는 선수의 부모 입장에서 자신의 회사 로고가 적힌 텐트가 떡하니 자리를 잡고 있다면 얼마나 뿌듯할까? 하물며 그런 회사 텐트가 수십 개나 된다고 상상해 보라. 자녀의 경기에 자신의 고용주가 참여하고 그 사실을 이웃들이 알아봐 준다면 자부심이 느껴지지 않겠는가?

브릿의 병원에서는 해마다 이런 용도로 500개의 텐트를 사기 위해 예산을 따로 책정한다. 본인이 원하면 직원들도 병원이 운영하는 기금 모으기 운동에 50달러씩 기부할 수 있다. 텐트 한 개당 100

달러 정도 하기 때문에 병원 입장에선 상당한 비용이 들어가긴 하지만 직원 스스로 직장을 지역사회에 알리는 계기를 마련한다는 점에서 얻는 효과는 실로 어마어마하다. 주위 사람들도 자신이 태어난 곳이자 사랑하는 사람들을 치료해 준 장소인 병원이 삶의 중심까지는 아니더라도 공동체에서 소중하고 반드시 필요한 존재임을 인식하기 시작한다.

리저널 메디컬센터 베이오넷포인트의 최고경영자 스티브 렉토는 이렇게 전한다.

> 우리는 강한 결속력으로 하나가 되고 지역사회에 꼭 필요한 존재가 돼야 한다고 믿습니다. 문제는, 기여하는 방법에 대해 저마다의 생각들이 다르다는 것이었습니다. 그래서 생각을 바꿨습니다. 직원들이 각자 희망하고 인정받기를 원하는 지역사회 프로그램에 참여할 수 있도록 프로그램을 개발한 겁니다. 그러자 직원들이 교회행사나 건강검진 서비스 후원에서부터 청소년 운동선수 지도에 이르기까지 다양한 활동을 펼쳐 나가더군요. 공동체의 한 부분이 되는 일이라면 어떤 일이든 가리지 않고 참여했습니다.

직원들을 진심으로 위하는 마음으로, 고용주가 아니라 직원들이 중요하게 생각하는 일을 할 수 있도록 해야만 효과를 볼 수 있다.

이 대목에서 얻는 교훈은 무엇인가? 직원들에게 지역사회에 자발적이고 적극적으로 참여할 수 있는 권한을 주면 고용주 및 조직과 직원 간의 유대 관계가 한층 높아진다. 그리고 지금쯤이면 이미 알겠지만, (혹시 귀에 딱지가 앉지는 않으셨나요?) 이는 고객이나 환자에게 더 나은 경험을 선사한다. 하지만 이런 역학 작용이 일어나기 위해서는, 다른 사람들을 위한 봉사가 얼마나 긍정적인 영향과 힘을 발생시키는지 리더가 보여 주어야 한다. 텐트를 나눠 주든, 동네 야구장을 청소하든, 아니면 직원 자녀로 구성된 무용단을 후원하든, 어떤 일이든 간에 상사나 고용주는 그 일이 활성화될 수 있도록 도와주어야만 한다. 지난 장에서도 강조했듯이 함께 일하는 사람들에게 먼저 배려와 친절을 베풀어야 상대방도 다른 사람들에게 똑같이 행동한다. 마찬가지로, 동료들과 직원들에게 자신이 속한 공동체에도 기여할 기회를 '허락한다'는 의도를 보여 주기 위해서는 병원 공동체를 돕는 일이 반드시 필요하다. 이는 마땅히 해야 할 일이기도 하지만, 직원들의 참여도 내지 몰입도를 한껏 고취시키는 길이기 때문이다.

우리 두 사람은 어렸을 때부터 보다 커다란 전체의 일부가 되고, 보다 위대한 가치를 추구해야 한다는 생각을 지니고 살았다. 개인적인 사례를 몇 가지 들고자 하는데 양해해 주기 바란다. 이런 얘기를 하는 이유는 우리가 잘났다는 게 아니라 우리가 인생에서 공동체의 중요성을 어떻게 깨닫게 됐는지를 알려 주고자 함이다. 이 사례를 통해 당신이 어떻게 공동체라는 개념을 확장할 수 있는지(또는 확장해 왔는지)를 깨닫는 데 도움이 될 수도 있으리라 본다. '공동체사회'에서의 경험이 직장에 와서도 결코 무관하지 않다는 사실도.

브릿의 경우, 19살 때 모르몬교 선교활동을 하러 2년 동안 페루에 갔던 경험이 공동체의 중요성을 일깨워 준 계기가 되었다. 마치

시체 안치소와 같은 기운이 맴돌던 병원을 방문했을 때의 느낌을 아직도 지울 수가 없다. 사람들도 가기 싫어하는 듯 보였다. 병원 직원은 두 명의 어린 선교사를 무시하는 태도로 대하며 그곳을 방문한 선교사들이 보통 하는 일만 대충 설명했을 뿐이었다. 브릿 일행이 떠나려 했을 때 많은 환자들이 도와 달라며 다가왔다. 브릿은 옆 병실에서 들려오는 울음소리에 가던 길을 멈추고 그들을 돕기 위해 무슨 일이든 하지 않고는 견딜 수 없었다. 하지만 직원들은 환자가 울부짖는 소리를 듣고도 무시했고 선교사들이 다른 환자들을 돕는 데도 손가락 하나 까딱하지 않았다.

브릿에게는 이 모든 일이 충격으로 다가왔다. 이 병원은 어찌된 연유인지 지역공동체에서 완전히 동떨어져 있었다. 다른 곳도 아닌 병원에서 어떻게 지역사회 사람들에 대해 전혀 신경 쓰지 않는 것처럼 보이는 것일까? 어쨌든 병원의 역할은 지역사회가 위탁한 자금을 가장 효율적인 방법으로 사용하는 일이다. 그런데 지역사회와 유대 관계를 끊어 버린 병원이 과연 이런 임무를 수행할 수 있을까?

미국으로 돌아온 브릿은 병원과 건강 관련 단체를 돌며, 그들이 봉사해야 할 지역공동체 사람들의 행복을 위해 얼마나 중요한 역할을 할 수 있는지 알리는 데 주력했다. 자신도 잘 알지 못했던, 이런 노력의 결과를 직접 느낄 수 있는 사건이 있었다. 어느 토요일 아침 그는 심장에 극심한 통증을 느껴 급히 응급실로 찾아갔다. 그를 대번에 알아본 병원 직원들이 놀라서 재빨리 조치를 취해 주는 모습을 보면서 자신이 속한 곳에서 기대했던 보살핌을 받고 있다는 사실에 기쁨을 느꼈다. 자신이 그 공동체의 일원이라는 사실에 자부심을 갖게 한 소중하고 값진 경험이었다.

폴은 대학생 때 지역사회 봉사의 위력을 실감했다. 그는 의사가 되어 어머니를 기쁘게 해 드리는 게 꿈이었다. 그러나 UCLA대학에 입학한 첫해 미적분 시험에서 D를 받고 자신의 꿈이 물거품이 됐음을 알았다. 비록 의과대학원에 진학하지는 못했지만, UCLA의 어린이 암병동에서 자원봉사활동을 하며 자신의 꿈을 향한 노력을 이어 갔다. 매주 두 번씩 봉사를 하는 동안 폴은 희귀 백혈병을 앓고 있고 영어를 거의 알아듣지 못하는 멕시코 이민자인 열여덟 살 호세를 만났다. 폴의 스페인어 실력이 멕시코 음식을 주문하는 정도밖에 되지 않았기 때문에 둘 사이의 언어 장벽이 만만치 않았지만 그래도 두 사람은 서로 급속히 가까워졌다. 매주 폴은 호세를 휠체어에 태우고 교정을 산책하거나 근처 타코벨Taco Bell로 식사하러 가곤 했다. 그럴 때면 호세는 곡예부리듯 휠체어를 운전하는 기술 등을 보여 주었다.

어느 날 호세가 폴에게 휠체어를 높은 언덕 꼭대기까지 밀어 달라고 하고는 누가 빨리 내려가는지 경주를 하자고 했다. 폴은 평소 호세가 휠체어를 잘 다루니 별 탈 없겠거니 생각하고 그러기로 했다. 하지만 설마하던 끔찍한 상황이 벌어졌다. 순식간에 휠체어가 전복되었고 호세의 몸이 공중에 붕 떠올랐다. 여기저기 부딪치고 상처가 나긴 했지만 다행히 호세는 웃으며 일어났고 친구를 다치게 만들었다는 폴의 죄책감을 덜어 주었다.

몇 달이 지나지 않아 호세는 세상을 떠났다. 얼마 후 병원에서 호세의 엄마를 만난 폴은 그녀에게 호세와의 소중했던 우정에 대해서 이야기해 주었다. 호세의 엄마는 호세가 휠체어 사건은 물론이고 폴에 관한 얘기를 수도 없이 했다며 흐느껴 울었다. 그녀는 자식의 인생에 긍정적인 영향을 줘서 고맙다고 말했고, 그녀의 따뜻한 말 한마디는 폴의 가슴 속에 커다란 울림을 주었다. 이 경험을 통해 그는 지역사회의 한 부분이 된다는 것이 어떤 의미인지를 진심으로 이해하게 되었다.

남을 돕는 기회 만들기

어쩌면 당신에게도 사회 환원과 지역사회의 중요성을 일깨워 준 상황이 있을지도 모른다. 그런데 문제는, 배려와 봉사가 이미 몸에 배어 있는 사람들도 있는 반면에 페루를 방문하거나 호세와 같은 이를 만날 기회가 전혀 없었던 사람들도 있다는 것이다. 모든 사람이 사회 환원이 어떤 의미인지를 확실히 깨달을 수 있을 만한 구체적인 경험을 하는 건 아니다. 자라는 동안 봉사활동을 할 기회가 없어서 남을 도우면서 얻게 되는 뿌듯한 감정을 느껴 보지 못한 사람이 너무나 많다. 이때가 바로, 구성원들이 진심 어린 마음으로 행동할 수 있도록 가르치고 격려하고 힘을 주는 리더의 역할이 필요한 때이다. 이런 식으로 베푸는 기쁨을 알게 된 사람에게는 끊임없는 보답이 돌아온다.

어디서부터 어떻게 봉사를 시작해야 할지 모르는 사람들을 도와줄 정보는 얼마든지 구할 수 있다. 주위를 둘러보면 지역사회 내 다양한 자선프로그램이 도움의 손길을 기다리고 있다. 회사와도 관련이 있으면서 직원들이 흥미를 느끼는 봉사활동을 찾을 수도 있다. 심지어 봉사활동 방법을 지원하는 단체까지 있을 정도다. 한 예로 노스 텍사스 기업인협회Entrepreneurs for North Texas라는 단체는 직원들의 지역사회 공헌활동 후원에 어려움을 겪는 기업에게 체계적인 도움을 주기 위해 만들어졌다. 이 단체가 주관하는 '자유의 날Freedom Day' 행사에는 댈러스 지역의 스무 개 기업 직원 400명이 9/11테러 당시 희생된 소방관들을 기리는 마음으로 소방서를 방문해 청소 및 보수 작업을 하는 뜻깊은 활동을 한다.

최근 자유의 날 행사에는 베릴헬스 직원 70명이 참가해서 보다 큰 성과를 올렸다. 아침 8시부터 오후 4시까지 강행군해야 할 정도로 소방서 봉사활동은 결코 만만치 않다. 게다가 근무시간에 이루어지는 행사이니만큼 회사 측으로서는 일종의 투자일 수밖에 없다. 베릴헬스는 고객들의 전화통화 시간에 따라 수익을 내는 시스템이어서 회사 입장에서는 말 그대로 투자인 셈이었다. 하지만 행사에 참여한 직원들이 이 활동을 어떻게 받아들일지 한번 생각해 보자. 아마 이런 생각이 들지 않을까? 놀랍게도 우리 회사는 지역사회에 봉사하려고 이윤을 포기하는구나. 남을 도우라고 내게 월급을 주네.

보상이 분명치 않다는, 수치로 환산할 수 없다는 이유로 이런 노력을 기울이는 것을 주저하고 두려워하는 리더들이 많다. 그러나 자금을 마련하고, 직원들에게 자기가 지역사회에 도움을 줄 수 있는 방식으로 그 자금을 사용할 수 있는 자유를 주면 놀랄 만한 결과가 나타난다. 리더가 이런 마음 자세를 지니면 직원들의 참여가 얼마나 달라지는지 알겠는가?

Chapter 5. 직장이라는 공간을 뛰어넘어

베릴헬스 직원들은 자유의 날 행사 말고도 다양한 지역사회 자원봉사활동에 참여하고 있다. 사내에 베릴지역발전위원회를 신설하여 지역사회를 위해 돈과 시간을 투자할 만한 곳을 결정하는 역할을 하도록 했다. 주로 운영진의 지휘로 모든 일이 이루어지는 다른 회사 조직들과 달리, 폴은 직원들에게 누구를 도와줘야 하는지에 대해서만 말해 줄 뿐이다. 그 외의 모든 일은 직원들의 열정으로 이끌어 간다는 것이 그들의 강점이다.

유사한 예로 브릿이 몸담았던 메디컬시티에서는 직원들이 자원봉사와 기금 조성에 초점을 맞춰 해마다 주요 자선활동을 선택하곤 했다. 여기에는 노스 텍사스 푸드뱅크North Texas Food Bank, 소아마비 구제모금운동March of Dimes, 집짓기운동Habitat for Humanity 등이 포함된다. 이런 기관에 메디컬시티가 10년에 걸쳐 기부한 금액은 통틀어 100만 달러가 넘을 정도이니 지역사회 구성원의 삶에 지대한 영향을 미쳤음은 틀림없는 사실이다. 다시 말해, 경영진은 본보기만 보여 준 다음 직원들이 지역사회의 이익을 위한 일이라고 판단한 활동을 하도록 힘을 실어 주는 환경을 조성하자는 뜻이 깔려 있다. 같은 부서 직원뿐만 아니라 전 직원이 공동의 자선 목표를 향해 한마음이 되는 감동의 순간을 맛보았다. 도움의 손길이 필요한 이들에게 줄 음식을 모으고 목재를 운반하는 과정을 통해 모두 한배를 탔다는 공동체의식을 다시금 확인할 수 있었다. 메디컬시티의 커뮤니티인식센터 책임자였던 비앙카 잭슨Bianca Jackson(지금은 댈러스 여성쉼터Genesis Women's Shelter의 책임자로 있다.)은 이렇게 설명한다. "운영진이 지역사회 프로젝트를 우선순위에 두고 이를 직장문화에 뿌리내리는 여건을 조성했기에 성공할 수 있었다고 확신합니다."

달리 말하자면, 직원들에게 지역사회에 공헌할 시기와 방법을 선택할 기회를 줌으로써 진심으로 봉사하는 동기를 부여한다. 스스로 모범을 보이고 직원들이 따라오게 하되, 억지로가 아닌 자기 의지로 행동하게 하라. 그런 다음 직원들이 손에 손을 잡고 프로젝트를 해 나가는 모습을 묵묵히 지켜보라. 지역사회에는 눈에 띄는 변화를, 직장사회에는 손에 잡히는 변화를 가져올 것이다.

나눔과 베풂의 순환

나누고 베푸는 데 투자한 돈과 시간에 어떤 보상이 따르는지 쉽사리 보지 못하는 사람도 많다. 예를 들어, 브릿은 메디컬시티 직원들이 지역사회 중심의 활동에 사용할 수 있도록 직원 1인당 100달러의 예산을 책정했다. 직원들은 신청서에 사용처 내역을 적기만 하면 이 돈을 받을 수 있었다. 하지만 이 안을 들은 CFO는 처음에는 (좋은 말로 해서) 무척 당황해했다. 직원 1인당 100달러씩이라는 엄청난 금액을 언젠가 보답이 돌아온다는 투자 개념으로 받아들이지 않고, 예산에 커다란 구멍이 뚫렸다고만 생각했기 때문이다.

무엇보다, 모든 직원이 열정을 가지고 돕고 싶은 대상이 있는 것은 아니다. 반면에 공동으로 1,000달러를 모아 자녀들이 활동하는 무용단을 후원한 열 명의 직원들처럼 동기가 확실한 경우도 있다. 이 돈이 CFO의 눈에는 예산 낭비로 보일지도 모른다. 회사라면 수익을 기대하면서 옥외광고판과 잡지 등을 이용해 광고와 마케팅에 돈을 쏟아붓는 투자를 한다는 사실은 CFO도 안다. 그러나 그 광고비에서 아주 조금 떼어 직원들에게 준다면, 그 돈을 받은 직원들이 각자 개인적이고 비공식적으로 '마케팅 캠페인'을 펼치지 않을까? 직원들이 자기 회사 이름을 지역사회에 알릴 뿐만 아니라 미소 띤 얼굴로 직장에 대한 자부심을 표현함으로써 고객이나 직원 모두에게 새로운 도약을 위한 긍정적인 이미지를 자연스럽게 심어 주게 될 것이다.

직원이 주도하는 프로그램을 장려하고 후원하는 일은 직장을 지역사회 안으로 포함시키는 역할을 한다. 그뿐만 아니라 더 중요한 사실은, 지역사회를 직장 안으로 끌어안는다는 것이다. 하지만 공짜 광고효과만 주목받아서는 안 된다. 광고효과는 예상치 못했던 부차적인 소득으로 받아들여야 한다. 진정한 이익이란 돈으로 환산할 수 없는 것이다. 지역사회를 전체로 포용하는 의미는 특별한 가치를 지닌다. 지역사회에 투자하는 일은 우리 삶을 위해서도 값진 일임이 확실하다. 에모리 대학병원 미드타운의 최고경영자 데인 피터슨은 이렇게 보충 설명을 한다.

> 직원들의 적극적이고 자발적인 참여를 높이기 위해서, 직원들이 일터를 벗어나 리더이자 신봉자의 역할을 함으로써 자기 가족과 직장 밖에서의 삶에도 최선을 다할 수 있도록 그들의 능력을 키워 주는 게 우리 목표입니다. 우리는 직원들의 참여도와 몰입도 향상이 더 나은 공동체 사회를 구축하는 길이라고 생각합니다.

직원들에 베푸는 봉사활동에 참여하면 당신의 조직 주위에 그리고 당신이 지지하는 것 주위로 지역사회가 몰려든다. 이것이 바로 사람들의 호감도를 높이는 방법이다. 더군다나 지역사회에 눈을 돌리고 집중하게 되면 조직의 서로 다른 부서 간에도 힘을 합치게 되면서 직장 내 장벽이 허물어지는 효과를 거둘 수 있다. 지역사회 중심 프로그램을 꾸리는 일은 진정으로 모두를 위한 길이다. 개인에게는 베풂의 기쁨을, 회사에게는 적극적이고 자발적인 직원몰입도를, 지역사회에게는 구성원들의 만족을 안겨 주기 때문이다.

직접 참여하기

다시 원점으로 돌아가 한 가지 사항을 강조하고자 한다. 기업체가 크면 클수록 직원몰입도와 지역 봉사활동 간의 상관관계를 이해하기가 어려워진다. 메디컬시티를 예로 들자면, 직원들이 정기적으로 기부한 불우이웃돕기 성금으로 갑작스럽게 사별하거나 화재로 집을 잃은 사람들을 돕고 있다. 하지만 대기업 산하 병원인 관계로 상부 조직과의 마찰을 피할 수가 없었다. 한번은 재무 담당자가 불우이웃돕기 성금으로 모아 둔 돈을 보고는 그 당시 관심의 초점인 허리케인 카트리나 피해자를 위해 회사 차원에서 통 큰 기부를 하자고 병원 측에 요청했다. 물론 허리케인으로 고통 받은 사람들을 돕는 일은 숭고한 대의임에 틀림없다. 하지만 국가가 이 중요한 구제활동에 기울이는 노력에는 뭔가 부족한 부분이 있다. 이런 광범위한 활동은 대개 지역적으로 이루어지지 않기 때문에 서로 연결되기가 어렵고 자신이 기부했거나 활동한 결과를 확인할 길이 없다. 아무리 가치 있는 일이라도 직원들이 진심으로 그 명분에 동의하기가 쉽지 않다.

지역 봉사활동이야말로 진정한 몰입과 헌신을 이끌어 내는 절호의 기회이다. 신청서를 작성해서 돈을 기부하는 행동만으로는 지역사회나 직장을 확 바꾸기에 충분하지 않다. 직접 참여하여 적극적으로 활동하면서 헌신해야 한다는 사실이 중요하다. 기부한 액수가 아닌 눈에 보이는 행동을 강조하는 일이 직원의 몰입도를 높이는 비밀열쇠인 셈이다.

지역 봉사활동과 관련해서 빠뜨리지 말아야 할 사항은 작은 내부 공동체도 잘 챙겨야 한다는 점이다. 이 말은 직장에서 같이 일하는 사람들 먼저 돌아봐야 한다는 뜻으로, 앞장에서 다룬 주제와도 맥락이 닿아 있다. 힘든 상황에 놓여 있는 직원에게 다른 사람을 도우러 나가자고 강요하는 건 얼토당토않은 소리다. 종종 지역사회를 돕는 길은 무엇보다 바로 옆에 있는 사람 먼저 도와주는 일에서부터 시작된다. 즉 무료급식소 봉사를 나가기에 앞서 매일 얼굴을 맞대고 함께 일하는 동료 중에 혹시 도움이 필요한 사람이 없는지 살펴야 한다. 이런 이유 때문에 베릴헬스에서는 사내용 자금과 외부 지역사회용 자금으로 구분지어 직원 스스로가 힘들 때 자금을 신청할 수 있도록 했다. 핵심인즉, 지역사회 봉사가 건강한 조직을 만드는 데 중요한 일이긴 하지만 결국 당신이 봉사하고자 했던 사람이 원래 당신의 직원이었다는 사실을 잊지 말아야 한다.

지역사회의 테두리가 계속 변한다는 점도 기억할 필요가 있다.

이와 관련해서는 로버트 퍼트넘^{Robert Putnam}의 《나 홀로 볼링: 사회적 커뮤니티의 붕괴와 소생^{Bowling Alone: The Collapse and Revival of American Community}》*을 보면 알 수 있다. 이 책에서 퍼트넘은 최근 개인의 대인 관계가 변함에 따라 공동체사회가 달라지고 있다고 주장한다. 예전에는 집 앞에 앉아 이웃과 담소를 나눴지만 지금은 집 안에 앉아 페이스북에 사진을 올리며 인터넷이나 핸드폰을 통해 대화한다. 소셜미디어는 과거에 상상하지 못했던 방식으로 서로 소통하는 길을 열어 주었고 공동체의 개념 자체도 변화시켰으며 특히 세대 간의 벽을 뛰어넘었다. 어차피 저마다 세상을 바라보는 관점은 다를 수밖에 없다. 변화를 피할 수도 없는 노릇이다. 직원의 적극적이고 자발적인 참여가 목적이라면 오히려 변화를 인정하고 적극적으로 받아들여야 하며 직원들의 관점에서 지역사회 및 세상을 바라볼 필요가 있다. 새롭게 접근하면 회사와 리더가 봉사해야 할 대상을 제대로 인식할 수 있다.

그러니 스스로에게 질문을 던져 보라. 자신이 속한 공동체사회의 중심은 무엇인가? 그리고 직원들에게도 꼭 물어보길 바란다. 그러면 공동체사회의 중심이 곧 공동체를 인식하고 형성하며 봉사하는 일과 결국 동일한 일임을 깨닫게 될 것이다.

안타까운 일이긴 하지만, 이 질문에 대한 대답을 듣다 보면 봉사할 마음이 없거나, 참여하고 싶어 하지 않거나, 일에 열중할 의사가

---

* 정승현 옮김, 페이퍼로드, 2009년.

없는 사람들도 만나게 된다. 우리가 참여와 몰입의 힘을 믿는 건 틀림없지만 그렇다고 해서 이런 사람들을 이단으로 바라보지는 말아야 한다. 모든 사람이 직장에 딱 들어맞을 수는 없는 일이다. 경영자로서 성실한 노력을 기울였음에도 지금까지 강조해 온 메시지들을 수용하지 않는 직원에게는 어쩔 수 없이 작별 인사를 고해야 할 때도 있다. 이 부분은 다음 장에서 자세히 다루기로 하겠다.

CHAPTER 06

불평분자, 패배자, 얼간이에 대처하기

툭 까놓고 말해 보자. 비열한 인간들은 재수 없다. 우리 대부분 그런 사람들을 직접 겪어 본 경험이 있기 때문에 굳이 누가 가르쳐 주지 않아도 그 말이 사실이라는 걸 안다. 마치 흡혈귀처럼 어떤 상황에서든지 다른 사람의 생기를 빨아먹고 흥미와 에너지를 고갈시키는 사람들을 피해야 한다는 걸 안다. 어떤 유형의 사람들을 뜻하는지 감이 올 것이다. 바로 불평분자, 패배자, 얼간이들이다.

이렇게 사람을 피곤하게 만드는 사람들과 우연히 마주치기라도 하면 자리를 빨리 벗어나기도 힘들고 설령 벗어난다 해도 마음이 찜찜하다. 휴게실에서 마주친 불평분자는 사사건건 어떻게 해서든 부정적인 면을 찾아낸다. 회사에서 상여금을 지급한다는 소식을 듣고도 꼬투리를 잡아 불평을 터뜨린다. "내가 장담하건대 임원들은 능력도 없으면서 엄청 많이 받아 갈 거야."

반면에, 패배자는 당신이 도로에서 차바퀴가 터져 지각하게 됐을 때 어디선가 불쑥 나타나는 사람이다. 이런 사람들은 남의 일에 끼어들어 자기는 그보다 훨씬 더 힘든 일을 겪었다며 참견해야만 직성이 풀리는 유형이다. "나는 바퀴 네 개가 모두 펑크 난 것도 모자라 개스킷까지 터졌다니까." 당신은 개스킷이 뭔지도 모르고 그저 한숨만 나오는데 패배자는 옆에서 계속 궁시렁거린다.

불평분자와 패배자도 나쁘지만 얼간이는 그중에서도 최악이다. 이들은 정신을 부식시키고 갉아먹는 좀 같은 존재로 다른 사람들에게까지 부정적인 영향을 끼친다. 브릿이 몇 년 전에 겪었던 일을 들어 보면 이런 유형을 이해하는 데 도움이 될 것이다. 메디컬시티의 책임자였던 브릿은 간호사들로부터 교대근무에서 복지제도 변경에 이르기까지 온갖 이메일을 받았다. 한번은 병원에서 복리후생 제도를 변경하자마자 직원들로부터 메일이 쏟아졌다. 당연히 예의를 갖춘 정중한 내용이 대부분이었다. 그런데 간호사 한 명 — '레치드'라고 하자 — 이 아주 무례한 내용의 메일을 보냈다. 레치드라는 간호사가 누구인지도 잘 모르던 브릿은 당황스러웠지만 그저 그녀가 힘든 하루를 보내고 있나 보다고 생각했다. 그래서 성급한 판단을 내리지 않고 그녀가 말하고 싶은 요점이 무엇인지 묻는 답장을 보냈다.

이번엔 어떤 내용의 메일이 왔는지 아는가? 레치드 간호사는 지난번보다 훨씬 더 짜증과 비난 섞인 메일을 보내 왔다. 자, 어쩌면 브릿이 쉰세대일 수도 있다. 하지만 레치드가 아무리 신세대 간호사라 해도 자기 병원의 최고경영자에게 모욕적인 메일을 보내지 말아야 한다는 것쯤은 알았어야 했다. 이번에는 브릿도 약간 짜증이 났다. 그래서 손수 CNO를 찾아가 레치드 간호사가 무슨 연유로 무례한 행동을 하는지 알아보기로 했다.

CNO가 전한 내용은 그리 놀랍지도 않았다. 레치드 간호사가 입사한 날부터 골치를 썩이고 있다는 것이었다. 동료들에 대한 존중심이 없을뿐더러 환자들 앞에서도 심술궂고 고압적인 태도를 취한다고 했다. "그럼 왜 해고하지 않는 건가요?" 브릿이 물었다. "근무일지에 문제점들을 기록하지 않았습니까?" CNO는 근무일지에 다 기록해 놓고 있지만 말 그대로 인원이 부족한 데다가 레치드 간호사가 특히 바쁜 분야의 업무를 담당하고 있다고 대답했다.

아무리 적당한 이유가 있다고 해도 직원을 해고한다는 게 그리 쉽지만은 않다. 누군가를 계속 데리고 있어야 하는 이유를 합리화하거나 해명할 수 있는 길은 늘 있는 법이니까. 하지만 브릿이 CNO에게 설명했듯이, 당신 같으면 당신이 사랑하는 사람을 레치드 같은 간호사의 손에 맡기고 싶겠는가?

CNO와의 대화를 끝내고 브릿은 인사부 담당자와 함께 레치드 간호사를 사무실로 불렀다. 그리고 최대한 냉정을 유지하며 레치드 간호사의 행동에 우려를 표했다. 하지만 브릿은 그녀에게서 어떤 설명이나 사과도 받지 못했다. 레치드 간호사의 언행은 브릿에게 슬픔만 가중시켰다. 상황을 판단한 브릿은 자리에서 일어나더니 책상 앞으로 나가 (최대한 예의 바르게) 불손한 행동을 사유로 레치드 간호사를 해고하겠다고 그 자리에서 선언했다. 레치드 간호사는 얼굴빛이 창백해지면서 자기가 했던 말과 행동을 주워 담으려 했지만 때는 이미 늦었다. 그녀가 마지막으로 들은 말은 "잘 가요, 레치드 간호사."였다.

레치드 간호사가 해고됐다는 말을 전해 들은 병원 직원들의 반응이 어땠는지 상상이 안 될 것이다. 그 소식은 바람을 타고 번지는 산불처럼 빠르게 퍼져 갔고 사람들은 마치 방학을 맞이한 어린이들 같은 기분이었다. 사람들은 레치드 간호사가 떠난다는 소식에 안도의 한숨을 쉬었다. 심지어 파티를 열자는 직원도 있었다. 그녀가 담당했던 환자들의 기분이 어땠을지는 묻지 않아도 상상이 갔다. 불평분자와 패배자, 그리고 얼간이가 일으키는 문제는 자기만의 문제로 끝나지 않는다. 이들의 부정적인 에너지는 큰 파급효과를 지니고 있어서 결국 동료들에게 영향을 끼치고 최종적으로는 환자와 고객들에게도 부정적인 경험을 주게 된다. 텍사스 주 어빙에 있는 크라이스트어스 헬스^{CHRISTUS Health}의 최고경영자를 지낸 톰 로이어^{Tom Royer}는 이렇게 말한다.

> 성공했다는 말은 우리에게 올바른 사람들이 있다는 뜻입니다. 실패했다는 말은 우리에게 잘못된 사람들이 있다는 뜻이지요. 우리가 하는 일의 99퍼센트를 제대로 한다 해도 1퍼센트인 단 한 명의 환자가 아니라고 한다면 그건 좋다고 할 수 없습니다. 가장 큰 문제는 직원들의 보통 수준을 참아 내는 것입니다. 좋은 사람이 보통 사람으로 변하는 상황보다 더 끔찍한 일은 없습니다.

사람들이 보통 수준에 안주할 때, 직장에서도 별 노력을 기울이지 않고 매일매일 느릿느릿하게 일할 때, 그런 상황에서도 사람들을 똑바로 돌려 세우고 의료계에 들어올 당시 품었던 소명의식을 상기시켜 줄 수 있는 희망은 여전히 있다.

하지만 불평분자, 패배자, 얼간이들은 보통 수준보다도 못한 사람들이다. 이들은 직장에 부정적인 영향을 미친다. 자기 일에 적극적이고 자발적으로 몰입한다는 말을 평소에도 받아들이지 않는다. 모르긴 몰라도 평생 받아들이지 않을 것이다. 이런 사람들은 바로 찾아내야 한다. 그리고 가능한 한 신속하게 뿌리 뽑아야 한다.

적합한 사람을 찾아라

솔직히 말해 보자. 소문이나 험담의 달콤함에 한두 번 빠져 보지 않은 사람이 어디 있겠는가. 가십은 종종 부정적이고 비관적인 방향으로 퍼져 나간다. 그런데 사람들은 이런 가십을 퍼뜨리는 사람들을 자기가 도와주고 있다는 사실을 깨닫지 못한다. 험담을 좋아하는 사람들은 자신의 독설을 들어 주는 관객들이 있을 때 활개를 친다. 이런 사람들은 불평불만 유전자를 지니고 태어났으며 자신을 향한 관심에 지나치게 목말라한다. 이런 비열한 사람들은 늘 나, 나, 나만 외친다. 의료계에서 일하는 우리의 눈에는 이런 사람들이 전염병이나 다름없어 보인다. 비열함은 독성이 강한 태도이며 빠르게 확산된다. 그런 질병을 퇴치하기 위해서는 어떻게 해야 할까? 그 싹을 제거해야 한다, 무슨 수를 써서라도.

베릴헬스에서도 이와 유사한 일이 있었다. 회사가 성장하면서 폴과 임원진들은 새로운 관리자를 영입했다. 그 관리자가 전에 더 큰 규모의 콜센터에서 일하는 등 그 분야에서 화려한 이력을 갖추었기 때문에 폴은 그녀의 경험이 회사 성장에 큰 도움이 될 거라 생각했다. 그런데 맙소사, 번지수를 완전히 잘못 짚었다. 게다가 꽤 시간이 지난 후에야 그 사실을 깨달을 수 있었다. 그 여자 — '샐리'라고 하자 — 는 윗사람 대하는 법을 잘 알고 있었다. 생산성 지표나 통계 정보를 늘 메일로 알려 주며 자신이 누구보다 많이 알고 있다는 점을 과시했다. 하지만 자기 팀으로 돌아가는 순간 명령과 통제만 앞세워서 직원들을 대하는 최악의 리더로 변했다. 그녀와 함께 일하는 사람들은 비참한 기분에 빠져들었다.

다른 부서에서 일하는 동료들이 곧 샐리 팀에 문제가 있다는 사실을 확실히 알게 되었다. 그리고 1년 후 직원들이 앞장서 임원진들에게 샐리의 문제에 관해 언급하며 그녀를 회사에서 내보낼 것을 요구했다. 보통 직장에서는 상처가 곪아 터질 때까지 그냥 내버려 두는 일이 비일비재하다. 직장에서 암적인 존재가 스스로 염증이 나서 물러가기 전에 조직이 먼저 제거할 수 있도록 직원들이 나서서 도움을 주었다는 점에서는 베릴헬스에게 다행스러운 일이었다. 게다가 암적인 존재 몇 명 때문에 건강하고 훌륭한 사람들을 잃는다는 건 조직을 위해 있어서는 안 될 일이다. 더구나 요즘처럼 훌륭한 인재를 찾고 유지하기 힘든 시대에는 더 말할 것도 없다. 일단 찾은 인재를 잃는 건 불행이 아닐 수 없다.

이 점은 분명히 해야겠다. 자기 직원을 해고하면서 즐거워하는 사람은 없다. (적어도 그러지는 말아야 한다.) 특히 이렇게 힘든 요즘 같은 시대에 사람을 바꾼다고 더 이상한 사람이 오지 않는다는 보장도 없다. 또한 샐리를 고용한 건 우리의 실수였다는 사실을 반드시 짚고 넘어가야겠다. 우리가 처음부터 좀 더 자세히 알아봤더라면 샐리를 고용하는 일도, 해고할 필요도 없었을 것이다. 하지만 누구의 잘못이었던 간에 조직 전체에게 이익이 된다면 직원 해고는 필요악이다. 플로리다 주 네이플에 있는 헬스 매니지먼트 어소시에이션의 최고경영자 게리 뉴섬은 이렇게 말한다. "보통 수준을 용납하기 시작하면 성과를 내던 인재들의 업무 몰입도가 떨어지게 된다. B급 선수들은 A급이 될 수 있다는 신호를 보여 주어야 하며 C급 선수들은 퇴출되어야 한다." 조직 전체의 이익을 위해서는 그게 유일한 방법이다.

우리는 지금 총알이 날아오는 상황에 대해 얘기하고 있는 것이다. 우물쭈물 미적미적 끌 시간이 없다. 결정을 내리기까지 시간을 끌면 끌수록 그 질병은 퍼져 나간다. 집안에 전염병 걸린 어린아이가 있는 걸 발견하는 즉시 조치를 취해야만 한다는 뜻이다. 물론 그렇기 때문에 더 힘들 수도 있다. 상대는 부서 전체도 아니고 이미 널리 퍼져 손쓸 수 없는 상황도 아니기 때문이다. 문제는 단지 한 사람일 뿐이다. 그리고 그 사람이 변할 수 없다면 또는 변하지 않을 거라면 그 사람은 떠나야만 한다.

이럴 때면 언제나 변명과 가능성이 끼어드는 법이다. 우리는 사람들을 해고하는 걸 싫어하니까 불평분자들이 다시 정신을 차리고 돌아오기를 바라는 마음으로 그들에게 좀 더 많은 관심과 다양한 기회를 준다는 생각을 하게 된다. 분명히 말하는데, 지금 큰 실수를 저지르는 거다. 물에 물 탄 듯 술에 술 탄 듯한 태도를 취하면서 자신은 물론 조직 전체에 해를 끼치고 있는 것이다. 아무도 함께 일하고 싶어 하지 않는 문제아를 당신이 과보호하고 있다는 사실을 모든 사람들이 다 안다. 몹쓸 종자를 제거하기 위한 조치를 취해야 한다, 지금 당장.

적극적이고 자발적인 참여의 문화를 실행하기 위해 노력하는 조직이라면, 모든 사람들에게 공평한 기회를 주고 조처를 취하기 위해 기꺼이 모두를 모아 놓고 솔직히 얘기할 수 있어야 한다. 어쩌면 (폴이 베릴헬스에서 가끔 하는 것처럼) 전사회의an organization—wide meeting*를 소집해야만 할지도 모른다. 그리고 그 자리에서 간단명료하게, 이 조직에서 일하고 싶은 사람은 누구나 다른 사람들을 대하는 행동에서 지켜야 할 일정한 규칙들이 있다는 점을 밝혀야 한다. 폴이라면 이렇게 말할 것이다. "우리에게는 미션이 있습니다. 그 미션을 받아들이지 않는 사람이라면 떠나 주시기를 바랍니다. 떠나길 거부한다면 우리가 끝까지 찾아내서 발본색원하겠습니다." 친절한 사장님은 더 이상 필요 없다!

시카고 루터란 종합병원의 최고경영자 토니 아마다의 표현은 이보다는 좀 완곡하다.

직원들 중 업무에 전혀 몰입하지 못하는 10에서 15퍼센트의 사람들은 조직에 해를 끼칩니다. 일을 잘하는 사람들보다 이런 사람들에게 너무 많은 시간을 낭비하고 있습니다.

---

* 전 직원이 참여하는 회의.

Chapter 6. 불평분자, 패배자, 얼간이에 대처하기 조직을 포로로 삼는 사람, 그리고 당신이 구축하려는 문화에 위협을 가하는 사람을 그냥 내버려 두어서는 안 된다는 말이다. 때때로 리더십이란 기꺼이 자리에서 일어나 힘든 결정을 내려야 한다는 걸 의미한다. 불평분자와 패배자, 얼간이들에게 작별을 고할 수 있는 용기를 발휘하기 위해서.

암적인 존재에 맞서라

이런 결정과 관련해서 금전적인 이해관계도 간과하지 말아야 한다. 환자 한 명이 일생 동안 병원에 얼마나 가져다주는가를 돈으로 환산해 보면 그 생애가치lifetime value는 25만 달러 정도가 된다. 자, 만약 레치드 간호사 같은 사람이 환자를 돌본다면 어떤 일이 벌어질 거라고 생각하는가? 불쾌한 경험을 한 환자는 다음에 몸이 아파도 다시는 그 병원을 찾지 않을 것이고, 그 말은 당신뿐만 아니라 나머지 가족들 모두가 오래된 소중한 단골을 놓쳤다는 뜻이다.

한 개인이 당신 조직의 미래에 이토록 막대한 손해를 끼칠 수 있다는 점을 생각하면 겸손해지지 않을 수 없다. 더군다나 오늘날 의료계의 현실, 환자들이 그 어느 때보다 많은 선택권을 누리고 있는 현실을 고려한다면 리더인 당신에게는 암적인 존재를 무시하거나 가볍게 보아 넘기거나 또는 합리화시킬 만큼의 여유가 없다. 한마디로 위험 부담이 너무 크다.

UCLA 헬스시스템의 CEO이자 우리의 친구인 데이비드 파인버

그 박사가 들려준 얘기에 대해 생각해 보자. 파인버그 박사의 아버지는 75세의 나이에 고관절 수술을 받기로 결심했다. 그런데 자기 아들 병원이 아니라 전에 가 본 적이 있는, 경쟁 관계에 있는 병원으로 갔다. 파인버그 박사는 아버지가 수술을 받은 후 집에서 회복 기간을 보내길 원했지만 그의 아버지는 폐 끼치기 싫다면서 병원에 머무르겠다고 했다. 그러나 하루도 지나지 않아 파인버그 박사의 전화벨이 울렸다. 그의 아버지였다. 병원에서 형편없는 대우를 받은 아버지가 전화를 걸어 빨리 와서 자기를 데리고 나가 달라며 소리쳤다. "내 이놈의 병원에 다신 오나 봐라!" 해석이 더 필요한가. 그 병원은 오랫동안 찾아올 수 있었던 단골손님 한 명을 이제 막 잃었다.

어디에 가서 치료받고 누구에게서 치료받을지에 대한 환자의 선택이 얼마나 큰 힘을 지니고 있는지 잊지 말도록 하자. 당신의 직원 중 단 한 명의 암적인 존재 때문에 조직의 재정에 막대한 손실이 발생하게 된다.

그렇다고 모든 책임이 간호사에게만 있는 것은 아니다. 의사 또한 환자뿐만 아니라 동료들에게 취하는 행동과 태도에 대해 그 어느 때보다 더 큰 책임을 느껴야 한다. 모욕적인 언사를 일삼는 의사에게 간호사들이 단체로 시위했다는 얘기를 들은 적이 있다. 그 의사가 소리를 지르는데도 간호사들이 그를 빙 둘러선 채 아무 대꾸도 하지 않고 침묵으로 일관했다고 한다. 아마도 간호사들이 난동을 부리는 환자를 뜻하는 '코드 화이트 code white' 경보를 발령했던 것 같다. 좋은 의사라면 누구나 인정하겠지만, 만약 의사의 태도가 환자나 동료들에게 위협으로 다가온다면, 병원에서는 아무리 그 의사가 기술이 뛰어나고 돈을 많이 벌어 준다고 해도, 그 의사를 내보내는 결정을 내려야만 한다.

그리고 이 논리는 설사 환자와 직접적인 대면을 하지 않는 사람이라 하더라도 조직에 있는 사람이라면 누구에게나 똑같이 적용되어야 한다. 파인버그 박사는 이렇게 말한다. "조직을 위해 아무리 많은 돈을 벌어 준다 해도 부정적인 영향을 끼치는 사람이라면 저는 그 사람에게 매달리거나 의지하지 않을 겁니다." 왜? 하나의 나쁜 경험이 일으킬 수 있는 연쇄반응을 생각해 보라. 예를 들어, 간호사가 자기 부서 프린터에 이상이 있어 기계관리 부서에 전화를 건다. 그런데 담당자의 응답이 무책임하고 무례하다. (당신도 '프린터 플러그는 꽂으신 거 맞죠?'라는 질문을 처음부터 받은 경험이 있을 것이다. 나 원 참.) 이런 대화를 나눈 간호사는 복도에서 영양사를 만난다. 기계관리 담당자에게 무안을 당한 간호사는 영양사에게 자신의 감정을 여과 없이 쏟아 낸다. 그리고 그 간호사는 자기가 당한 대로 다른 동료에게 또는, 정말 그러면 안 되지만, 환자에게 직접 화풀이를 한다. 무슨 얘긴지 알겠는가? 부정적인 감정은 말을 통해 바이러스처럼 퍼져 나가면서 말 그대로 모든 사람들에게 위협으로 작용하게 된다.

불평분자, 패배자, 얼간이 같은 사람들이 당신의 조직에서 어떤 일을 맡고 있든 간에 당신은 이런 사람들을 위해 해명에 나서선 안 된다. 파크뷰헬스의 최고경영자 마이크 팩넷은 이렇게 보충 설명을 더한다.

의료계의 리더로서 우리들은 구원자의 역할을 합니다. 하지만 더 이상 사람들을 구하는 위험을 감수할 수는 없습니다. 그러다가는 우리가 있어야 할 곳으로 갈 수가 없기 때문입니다. 제 생각에는 지난 2년 동안, 우리가 아무도 구할 수 없다는 사실을, 아무도 변화시킬 수 없다는 사실을 확실히 깨달은 것 같습니다. 그런 사람들을 적성에 맞는 곳으로 갈 수 있도록 돕는 것이 리더인 우리가 해야 할 일이라고 생각합니다.

마이크의 말인즉, 상당히 조심스럽게 표현은 했지만 결국 그런 사람들은 보내야만 한다는 뜻이다.

안타깝게도 직원 해고를 두고 변명을 하는 리더들이 많아지기 시작했다. 특히 일 처리에 있어서 골칫거리 내지는 장애물로 언급하는 것이 인사부다. 폴이 컨퍼런스에서 만났던 한 임원은 사람을 내보내는 문제와 관련해서 인사부가 일을 지연시킨다며 원망했다. 인사부가 늑장을 부리는 바람에 직원 한 명을 해고하기까지 2년을 기다릴 수밖에 없었다고 했다. 그 임원의 말을 그대로 빌리자면, 인사부는 '적군'이었다. 하지만 이 말을 곧이곧대로 받아들인다면 당신이 중요한 사실을 놓치게 된다는 점을 알려 주고 싶다. 인사부에서 일하는 직원들은 그저 서류나 뒤적거리면서 무시당하고 욕먹어도 좋을 만한 사람들이 아니다. 그 정도가 아니라, 인사부 직원들은 당신의 가장 가까운 동맹군이 되어야 한다. 실제로, 모든 조직에 있어서 장래 성공의 기초는 생기가 넘치는 인사부에서 시작된다.

브릿은 댈러스에 있는 병원에서 일을 시작하고 나서 인사부가 병원 본관 건물에서 한참 떨어져 있다는 사실을 알게 되었다. 다른 건물 네 동을 지나쳐서 구름다리를 건너야 나타나는 건물에 인사부가 있었다. 정말로? 우리 병원의 가장 중요한 자원인데, 이런 전문가들이 보이지 않는 구석 건물에 꼭꼭 숨어서 일하고 있다니. 한 조직의 가장 중요한 자산이 사람이라는데, 여러 가지 어려운 상황이 닥쳤을 때 어떻게 인사부의 전문적 지식을 이용하고 지원을 받아 어려움을 헤쳐 갈 수 있다는 말인가? 브릿은 인사부 전체를 병원 본관에 있는 환자치료구역으로 사용하던 공간으로 옮겼다. 팀의 나머지 사람들도 인사부 전문가들이 얼마나 중요한 위치를 차지하는지 새삼 깨달았을 것이 분명했다.

인사부는 병원 내 팀들의 길잡이 역할을 해 줄 뿐만 아니라 온갖 종류의 규정 요구에 맞춰 운영할 수 있도록 도와준다. 당신이 탐탁지 않게 생각하는 직원에 대해 인사부가 증거 서류를 요구할 때는 당신의 일을 방해하려는 게 아니라 조직을 법적 분쟁으로부터 보호하기 위해서다. 느닷없는 해고 통지로 사람을 놀라게 하는 일은 없어야 한다. 모든 사람은 자기가 어떤 상황에 있는지 알 권리가 있다. 누군가를 해고하기 전에 충분히 뒷받침할 수 있는 증거 서류를 항상 마련해야 한다. 해고에 있어 가장 힘든 경우는, 기술 부분에서 능력은 뛰어난데 팀에 불화를 일으키는 행동을 하는 직원을 다룰 때다. 세인트조셉 호스피탈 오브 오렌지의 최고경영자 스티브 모로는 우리에게 이렇게 말했다. "그런 사람들은 내보내기가 더 어렵습니다. 왜냐하면 팀에서 그 사람들의 지식을 소중하게 생각하기 때문이지요. 하지만 팀 활동에 문제를 일으키고 팀을 분열시키는 사람들을 내보내지 않으면 팀의 문화마저 파괴될 겁니다."

누군가에게 고용의 종료를 통보한다는 건 이혼 통보만큼이나, 그 사람 인생에서 중요한 변화를 뜻한다는 사실을 가볍게 넘기지 말아야 한다. 그러므로 해고 결정은 쉽게 생각할 문제가 아니다. 당신이 최대한 존중과 연민의 마음을 유지하면서 해고 과정에 접근하도록 도와줄 수 있는 인사부가 있다면 이 힘든 과정이 조직 전체에게 긍정적인 경험으로 작용할 것이다.

그런데 만약 인사부에서 가장 중요한 게 무엇인지를 모르고 있다면, 가장 중요한 건 조직이지 과정이 아니라는 사실을 망각하고 있다면 그때는 인사부 직원의 교체 또한 고려해야 할지도 모른다. 이런 말이 얼마나 잔인하게 들리는지 우리도 안다. 하지만 이는 어쩔 수 없는 진실이다.

당신의 팀에 기대라

우리는 또한 인사부를 방어의 최전선으로 믿고 의지해야 한다. 불평분자, 패배자, 얼간이들의 맹습을 감지하는 일종의 조기경보가 인사부다. 이 말은 '애초에 레지드 간호사 같은 사람이 어떻게 채용될 수 있었나요?' 같은 질문을 하라는 뜻이다. 더불어 이런 질문도 기꺼이 할 수 있어야 한다. '이런 일이 다시는 발생하지 않으려면 우리가 뭘 할 수 있을까요?' 적절한 사람을 찾는 게 오로지 인사부의 책임이라고 떠넘기겠다는 말은 아니다. 사실 효율적인 리더라면 올바른 사람을 찾기 위해 모든 사람들의 도움을 모으는 것도 그의 중요한 역할 중 하나다.

이노바 헬스시스템의 최고경영자 녹스 싱글톤은 이렇게 얘기한다.

> 제가 보기엔, 사람들이 종종 변변찮은 사람을 고용한 다음 그 사람을 훌륭한 직원으로 키워 내기 위해 노력해야 한다고 생각하는 것 같습니다. 높은 품질의 서비스를 제공하는 조직을 보면 확실히 알 수 있습니다. 고용 단계 처음부터 상당한 차별—부적절한 차별이 아니라 적절하고 건강한 차별—을 둠으로써 실제로 서비스에 적합한 성격과 열정을 지닌 사람들을 파악해서 선별할 수 있다는 겁니다.

조직이 지원자들을 좀 더 잘 걸러 낼 수 있다면 누군가를 해고해야 하는 불쾌한 과정을 거칠 필요가 없어질지도 모르겠다. 그렇다고 지원자를 많이 모으기 위해서 또는 기술이 가장 뛰어난 지원자를 뽑기 위해서만 열심히 노력해야 한다는 건 아니다. 조직에서는 적절한 기술을 갖춤과 동시에 우리가 구축하려는 문화에 적합한 사람을 찾을 필요가 있다. 사람들은 지원자의 화려한 경력이 가득한 이력서나 유명세에만 신경 쓰느라 정작 그 사람이 어떤 환경에서 일하고 싶어 하는지에 대해선 깊이 알아보지 못하는 실수를 너무도 자주 저지른다. 사이나이 헬스의 최고경영자 앨런 채닝이 아예 신입사원 오리엔테이션부터 직원 평가를 시작하고 팀 문화를 소개하는 이유가 바로 이 때문이다.

이미 오리엔테이션이 끝나기 전에 몇 명의 사람들에게는 와 줘서 고맙지만 우리랑은 잘 맞을 것 같지 않다는 말을 합니다. 그렇게 우리 기대치와 본보기를 초기에 설정하는 거죠. 사람들은 주위의 직원들이 굉장히 친절하다는 말을 자주 합니다. 그건 제가 시켜서 그런 게 아니라 자연스럽게 됐다고 할 수 있어요. 그런 분위기에서 일하게 되면 선택은 둘 중 하나죠. 잘 어울려 지내든지 아니면 떠나든지.

적합한 사람이 들어오는지 확실히 해야 하기 때문에 브릿의 조직에서는 예전부터 계약직 간호사의 채용을 꺼렸다. 계약직 간호사들은 대부분 근면성실하고 기술도 좋기 때문에 간호사 자체에 문제가 있는 건 아니었다. 단지 독립적 계약자^{independent contractor}들은 조직의 성공이나 실패에 별다른 관심을 갖지 않는다. 바꿔 말하면, 그 조직의 문화에 대해 신경 쓰지 않는다. 게다가 한 조직에 오래 있지도 않을 사람이 빈곤방지기금이나 크리스마스트리 장식품 교환하기 같은 행사에 참여하기나 하겠는가? 이런 식의 계약은 결국 조직이 더 많은 비용을 쓰게 만든다.

베릴헬스에서는 오래 함께할 수 있는, 가족의 일원으로 환영해 줄 수 있는 사람을 합류시키는 게 목표다. 지원자는 사무실 안팎의 다양한 환경과 현장에서 여러 차례 철저한 인터뷰를 거친다. 그래야 조직이 그 사람에 대해, 그 사람이 다른 사람들과 어떻게 교류하고 조직의 미션, 비전, 가치를 어떻게 받아들이는지에 대해 더 잘 알 수 있기 때문이다. 인터뷰는 단순하게 상의하달만으로 이루어지지 않는다. 조직의 문화와 얼마나 잘 맞물려 돌아가는지 판단할 수 있도록 각 지원자는 조직의 여러 단계에서 일하는 직원들과 만나게 된다.

평가를 시작할 때, 전 직장의 고용주와 일하면서 느꼈던 가장 좋은 경험과 가장 기분 나빴던 경험에 대해 지원자에게 묻는다. 지원자의 대답 속에는 그 사람이 배려와 보살핌을 갖춘 동료가 될 능력이 있는지를 판단할 수 있는 정보가 많이 들어 있다. 당신이 함께 일할 가능성이 있는 사람에 대해 좀 더 예리한 시각으로 관찰할 수 있도록 인사부에서는 여러 질문들이 가득한 평가 도구를 제공할 수 있다. 성격검사는 일종의 조기경보시스템 역할을 하는데, 화려한 이력서로 위장해 겉으로는 보이지 않는 암 조직을 찾아내는 아주 효율적인 도구다. 그밖에도 당신이 중요한 결정을 내리는 데 도움이 되는 중요한 정보를 제공할 수 있는, 엄청나게 많은 인원 채용 도구와 의료기술 평가 방식들이 있다. 당신과 당신의 팀은 이런 실험에서 나온 결과를 주의 깊게 살펴야 한다. 이 세상에 완벽한 사람은 없으므로 그런 기대는 접어 두는 편이 낫다. 그러나 잘못된 사람을 데려왔을 때 조직이 치러야 할 대가가 엄청나다는 사실은 늘 기억하라.

이 원칙은 자신의 시간과 에너지를 환자를 돌보는 데 기꺼이 기부하는 자원봉사자들에게도 적용된다. 자, 지금 당신의 생각이 그대로 들려온다. '뭐라고, 자원봉사자들을 해고한다고? 이거야말로 정신 나간 사람들 아니야?' 정신이 나갔는지 들어왔는지는 잠시 뒤로 미뤄 두고, 다음 이야기를 통해 첫 번째 질문에 대해 생각해 보자. 브릿이 메디컬시티에서 일할 때 린지라는 훌륭한 자원봉사자

프로그램 책임자가 있었다. 린지는 일종의 작은 군대나 다름없는, 400~500명에 달하는 지원봉사자들을 관리했다. 자원봉사자들 대부분은 그 시설에서 자신이 직접 치료를 받았거나 자신이 사랑하는 사람이 치료를 받은 경험이 있는 사람들이었다. 이들은 진심으로 자기가 받았던 것을 돌려주고 싶어 했기 때문에 병원에 와서도 솔직하게 행동했다. 하지만 직원들 중에도 그런 사람이 있듯이 자원봉사자들 중에도 '나 먼저' 태도를 지닌 사람들이 있기 마련이다. 이런 사람들은 다른 사람에게 실제로 도움이 될 수 있는 일보다 자기가 하고 싶어 하는 일에 더 많은 관심을 보인다.

병원에 온 자원봉사자 중에 특권의식과 야비한 구석이 있는 사람이 있었다. 어쩌면 그녀의 부모님이 병원에 기부금을 많이 낸다는 사실이 그녀를 더욱 그렇게 만들었는지도 모르겠다. 린지에게 그녀는 뜨거운 감자와 다름없었다. 사실 린지는 그 여자를 내보내고 싶었지만 잘못하면 중요한 기부자의 마음을 상하게 할지도 모를 일이었다. 하지만, 신통하게도 린지는 어려우면서도 현명한 결정을 내렸다. 린지는 그 자원봉사자에게 더 이상 병원에서 그녀의 봉사 활동을 원치 않는다는 말을 전했다. 앞서 레치드 간호사 경우에서 본 것처럼, 이 이야기를 들은 다른 자원봉사자들의 사기가 놀라울 만큼 올라갔다. 그들도 그 여성 자원봉사자와 함께 일하는 게 즐겁지 않았기 때문이다. 너무 지나친 처사가 아니냐고 생각할 수도 있지만, 자원봉사자라도 걸러 낼 사람은 걸러 내야 한다. 그들이 조직에 잘 들어맞는지 확인하는 일은 조직의 건강하고 조화로운 문화를 위해 반드시 필요하다.

솔직히 말해 보자. 어느 조직이건 자기 일에 관심 없는 직원들이 있다. 에모리 대학병원의 최고경영자 데인 피터슨은 일에 충실한 사람들이 충실하지 않은 사람들보다 수적으로 우세한, 아마도 4:1 내지 5:1의 정도로 더 많은, 그런 문화를 창출해 내는 게 중요하다고 말했다. "이런 상태가 되면 업무 몰입도가 떨어진 직원들이 조용해지면서 이들이 조직문화에 끼치는 부정적인 영향도 사라지게 된다."고 지적한다. 리더로서 당신도 이런 상황을 목표로 삼는 게 좋다. 당신이 적극적이고 자발적으로 업무에 몰입하는 직원들과 더 많은 시간을 보낼 수 있도록 대충 일하는 직원, 업무를 방해하는 직원들의 영향력을 줄이는 걸 목표로 정하라.

초점을 바꿔라

잠시만 멈췄다 가자. 여태껏 부정적인 얘기를 나누느라 쏟아 냈던 많은 단어들을 보라. 여느 조직들과 마찬가지로 우리 또한 일 잘하는 사람들을 축하해 주기보다는 불평분자, 패배자, 얼간이들을 신경 쓰느라 너무 많은 시간과 에너지를 소비하는 똑같은 함정에 빠지고 말았다. 앞서 우리가 대부분의 사람들은 좋은 사람들이라고 했던 말을 기억해 보자. 특히 의료계에서 일하는 사람들에 대해서 얘기하자면 백번 지당한 말이다. 이들은 이웃을 위하는 넓은 마음과 깊은 배려심을 지녔다. 우리가 지지해 주고 기르고 함께 일하고 싶은 사람들이 바로 이런 사람들이다. 데인 피터슨은 앞선 자신의 발언에 추가해서 이렇게 말한다.

저는, 대충 일하는 직원들에 대해서는 아예 생각하지 말자 내지는 그런 직원들과 쓸데없이 많은 시간을 보내지 말자는 주의입니다. 제 일을 하기도 힘든데 업무에 관심도 없는 직원들 때문에 진을 뺄 필요가 없다는 말이죠. 대신 적극적이고 자발적으로 일에 몰두하는 직원들과 시간을 보내며 개선점을 찾으라는 겁니다.

적절한 사례가 하나 있다. 쌍둥이 남자아이 둘이 미숙아로 태어나는 바람에 병원 신생아집중치료실에 들어왔다. 그 쌍둥이 아이들의 엄마가 브릿에게 이런 내용의 메일을 보냈다.

안녕하세요, 브릿 선생님

신생아집중치료실에서 일하는 타오 간호사에 관한 얘기인데, 감탄할 만큼 놀라운 얘기라 선생님께 전해 드리고 싶었습니다. 지난주 화요일에 타오 간호사와 통화를 하다가 이틀 후에 저와 남편의 결혼 10주년이라는 얘기를 하게 됐습니다. 둘이서 외식을 할 거란 얘기도 했고요. 그 주 목요일에 우리 부부가 신생아집중치료실에 들어가는데 타오 간호사가 우리를 보자마자 제일 먼저 결혼기념일 축하한다는 말을 전하더군요. 그걸 기억하다니 얼마나 놀랐는지 모릅니다. 얘기를 보고 있는데 타오 간호사가 우리에게 어디에서 저녁식사를 할 건지 묻더군요. 그냥 물어보나 보다 생각하고 우리는 저녁식사를 하러 갔습니다. 식사가 끝날 때쯤 종업원이 오더니 후식으로 뭘 드시겠냐고 묻기에 후식은 됐다고 했습니다.

그랬더니 그 종업원이 하는 말이 타오 간호사가 전화를 걸어서 우리 결혼기념일을 축하하는 의미로 자기가 디저트를 사겠다고 했다는 겁니다. 타오 간호사가 전화로 우리가 어떤 옷을 입고 있는지 미리 얘기를 해 놓았기 때문에 종업원이 우리를 알아볼 수 있었던 거죠. 눈물이 나더군요. 남편도 이렇게 감동을 받아 본 적은 처음이라고 했습니다. 집에 오는 길에 고맙다는 말을 전하기 위해 타오 간호사에게 전화를 했더니 "그동안 많이 힘드셨을 텐데 오늘은 두 분이 특별한 밤을 보내셔야 당연하죠." 라고 말해 주더군요.

그래서 제가 "타오 씨가 우리 아이들을 돌봐 주고 있는데 우리가 오히려 후식을 사 드려야죠." 라고 했습니다.

선생님께서 이 얘기를 듣고 싶어 하실 거라고 생각했습니다. 타오 간호사가 얼마나 따뜻한 마음을 지니고 있는지 그리고 그런 분이 우리 아이들을 돌봐 주니 우리는 축복받은 사람이라는 것도요.

쌍둥이 벤과 윌리엄의 엄마, 아빠

타오 간호사처럼 환자들의 삶을 향상시켜 주는 우상들이 존재하는데 우리가 왜 레치드 간호사 같은 사람들 때문에 조마조마하며 신경 쓰느라 그리도 많은 시간을 보내야 하는가? 진정으로 배려하는 마음을 지닌 사람들을 알아보지 못하면 우리는 그들을 모두 잃을 수도 있다. 왜냐하면 이들도 조직의 진정한 가치가 무엇인지 혼동하기 시작하기 때문이다. 이런 상황이 오면 조직이 치러야 할 대가는 이루 헤아릴 수 없을 정도가 된다.

능력 있는 사람들은 다른 능력 있는 사람들과 함께 일하고 싶어 한다. 앞서 논의했듯이, 의료업계에서 일하는 사람들은 대부분 친절과 배려를 아끼지 않는다. 이들은 자기 일을 통해 더 나은 세상을 만들고 싶어 한다. 이게 직원몰입도 점수가 높아지는 길이다. 그 결과로 인해 환자의 만족도도 커진다. 그렇다면 우리는 왜 최악에 영합하기보다 최고를 격려하고 도전의식을 북돋아 주는 데 더 많은 시간을 쓰지 않고 있는 건가? 리더가 개입해 모범을 보여야 하는 순간이 바로 이때다.

베릴헬스에서는 한 가지 프로그램을 실시한다. 3개월마다 특정 직원들을 대상으로 잠재성이 높은 직원과 낮은 직원으로 분류하는 작업이다. 그중에서도 가장 우수한 직원과 가장 열등한 직원으로 선발된 직원에게는 멘토 역할을 할 수 있는 사람을 붙여 준다. 멘토는 자신이 맡은 직원들이 더 나아질 수 있도록 도움을 준다. 이런 방식을 사용하면 회사에서는 성과를 나타내는 인재들을 최대한 활용하면서 동시에 성과가 낮은 직원들에게는 올바른 궤도에 올라올 수 있는 기회를 제공할 수 있다.

수년간 살펴본 결과, '낮은 가능성low potential' 판단을 받은 직원들이 계속 그 자리에 머물러 있는 이유는 결국 자신의 사고방식 때문이었다. 멘토의 의무는 이들을 지도하는 것이지만, 최악의 경우 이들에게 작별을 고하는 것이기도 하다. 사실 부정적인 사람들이 마음자세를 바꾸기란 여간 힘든 일이 아니다. 그런데 왜 굳이 이런 사람들을 변화시키기 위해 소중한 시간과 에너지, 그리고 자원을 계속 투자해야 하는 것인가? 왜 잘하는 사람들이 더 잘할 수 있도록 도와주는 일에 투자하지 않는 것인가? 사실 투자 대비 성과를 생각하면 이들의 역할이 더 중요한데. 긍정적인 환자경험을 만드는 사람들이 바로 이런 사람들인데. 리더는 성과를 내는 인재들이 더 성장할 수 있도록 새로운 도전의식과 기회를 제공하면서 반짝이는 별을 더 빛나게 만들어 주는 일에 더 많은 시간을 쏟아야 한다.

때때로 좋은 사람을 잃는다는 건 유감스러운 일이다. 평생직장이란 말은 이미 사라진 지 오래다. 사람들의 이동은 그 어느 때보다 자유롭다. 이런 현실에 맞서기보다는 받아들여야 한다. 우리가 다음과 같은 점을 강조하는 이유가 그 때문이다. 짐 콜린스가 그의 베스트셀러 《좋은 기업을 넘어 위대한 기업으로》에서 "적합한 인재들을 승차시킬 것"이라고 표현했듯이, 의사소통을 위한 통신망을 활짝 열어야 하고, 핵심 인재에 투자해야 하며, 어차피 내려야 할 힘든 결정을 질질 끄는 행동을 멈춰야 한다. 좋은 직원들이 떠나면서 조직이 흔들릴 때를 오히려 새로운 피를 수혈하고 그동안 손대지 못했던 부분을 향상시킬 수 있는 기회로 삼아라.

하지만 대부분의 경우에, 올바른 조직문화가 형성되고 그 문화에 잘 맞는다고 생각하면 좋은 인재들은 떠나지 않는다. 결국 절이 싫으면 중이 떠날 수밖에 없는 법이다. 당신이 조직의 핵심 가치를 강조하고 그 가치에 따라 인사 관련 결정을 내리면 내릴수록 사람들이 스스로 알아서 남거나 떠나는 모습을 더 많이 보게 될 것이다. 이는 또한, 당신이 직원 한 사람 한 사람과 함께 앉아서 그들에게 5년 또는 10년 후의 모습을, 마치 그날이 오늘이라면 무엇을 하고 있을지 서면으로 작성할 것을 요구한다는 뜻이기도 하다. 이 방법은, 누가 장기적인 관점에서 자신을 조직의 일부라고 생각하고 있는지 알 수 있게 해 주기 때문에 개인이자 리더인 당신에게 특히 유용하다.

이런 생각을 하는 사람도 있을 것이다. '잠깐만, 내 직원 중에 조경 분야에서 레오나르도 다빈치 같은 존재가 되겠다는 큰 꿈을 지닌 슈퍼스타가 있는데 내가 지원해 주지 않아서 그 사람이 얼간이가 된다면 그게 내 책임이란 말이야?' 꼭 그렇다고 할 수는 없다. 하지만 꿈이 없는 사람, 희망을 잃은 사람들이 어떻게 되는지 생각해 보라. 아마도 당신의 슈퍼스타가 다빈치 같은 인물이 될 확률은 전혀 없을지도 모른다. 하지만 그의 편을 들어 주고 그의 꿈과 열망을 어느 정도 이해해 주면 그 직원은 당신을 단순한 상사 이상으로 생각할 것이다. 우리 모두는 인생의 여러 단계를 거치며 살아간다. 어쩌면 당신의 슈퍼스타는 생각은 그렇게 하면서도 의료 분야에서, 그중에서도 당신의 팀에 남는 게 더 좋겠다는 걸 깨닫게 될 것이다. 중요한 점은, 당신이 팀원 한 명 한 명을 잘 알고 사랑해야 하며 그들이 팀을 위해 바친 노력과 열정을 존중해야 한다는 것이다. 설사 그것이 영원하지 않는다 해도.

그러나 인생에서 확실한 것은 없다. 어쩌면 당신은 어느 누구보다 인내심이 많은 고용주로서 직원들이 꿈을 좇도록 늘 격려할지도 모른다. 하지만 그렇다고 해서 직원들이 마음을 활짝 열고 회사와 관련해서 자신의 미래에 대해 솔직하게 얘기하리라는 보장은 없다. 브릿이 예전에 경험했던 일을 살펴보자. 어느 병원이든 가장 역동적인 분야라고 하면 심장혈관 부서를 꼽을 수 있다. 여기서 '역동적'이란 표현을 쓴 이유는 임상적 관점에서 볼 때 흥미진진하면서도 어수선한 곳이 이 부서이기 때문이다. 그렇기 때문에 이 부서에 흥미를 느끼는 사람 중에는 열정적이고 혁신적인 사람들이 많다. 농담이 아니다. 이 분야에서 일하는 사람들을 보면 남자나 여자나 뭔가 좀 다른 점이 있다. 브릿도 경험을 통해 이 사실을 잘 알고 있다. 그래서 자신의 가치에 따라 메디컬시티 팀원들의 요구 사항을 늘 인지하려고 노력했다. 패배자는 없는가, 확인. 불평분자는 없는가, 확인. 얼간이는 없는가, 확인. 그런데 조직 내 중요한 변화를 주려고 하던 중 일이 발생했다. 조직의 체질 개선을 위한 변화였고 모든 이들이 반기는 변화였다고 생각했는데 팀의 핵심 리더 중 한 명 — '스티브'라고 하자 — 이 사표를 제출한 것이었다.

스티브는 팀을 떠났고 그의 갑작스러운 이별에 팀은 엄청난 충격에 빠졌다. 브릿은 그가 왜 그렇게 느닷없이 팀을 떠났는지 이해할 수 없었다. 이제 막 팀을 구축하고 조직의 미션과 비전, 가치를 앞세워 싹수 노란 잡초들을 베어 버리려던 순간에 사고가 터진 것이었다. 그는 슈퍼스타를 잃었다. 그날 브릿은 중요한 교훈을 얻었다. 사람은 누구나 자신의 과거 경험을 간직한 채 계획에 임한다는 사실이다. 스티브가 떠난 뒤 브릿이 분석을 통해 깨달은 현실이었다. 알고 보니 스티브는 전 직장에서 일할 때 자신의 열정과 포부를 상사에게 털어놓았는데 오히려 그 상사는 즉시 스티브의 업무 지휘권을 상당 부분 박탈하는 방식으로 징계했다고 한다. 따라서 스티브는 자신이 원하는 대로 이루어지는 순간이 오기 전까지는 경력과 관련된 의중을 숨겨야 한다는 걸 과거 경험에서 배웠던 것이다.

요즘 세상에서는 경력이란 것이 직선으로 이어지지 않는다. 일직선상에 있는 점 A에서 점 B로 그 다음 점 C로 가듯이 순차적으로 이동하는 게 아니라는 말이다. 대신 자신의 근본 태도와 기본 신념에 따라 어떤 한 위치나 업적에서 다음 위치 또는 업적을 위해 아예 거처를 옮겨 간다. 이는 곧, 우리가 팀 전체의 열린 마음과 투명성을 위해 힘쓰는 순간에도 때로는 슈퍼스타마저 이익이 될 수도 있고 별로 이익이 되지 않을 수도 있는 자신만의 과거를 간직하고 지내는 경우가 있다는 말이다. 자, 나쁜 경험을 한 번 했다고 해서 당신의 미션 자체가 흔들리게 내버려 둘 수는 없다. 사람들이 이런 함정에 쉽게 빠져든다는 사실을 잘 알고 있다. 하지만 우리 텍사스 사람들이 말하듯, '카우보이 업!*Cowboy up!*' 즉, 말에서 떨어져 팔다리가 부러져도 다시 말에 올라타는 불굴의 용기를 지녀야 한다. 뜻밖의 일에 놀라거나 신경 쓰지 말고 앞으로 나아가라. 올바른 팀을 구축해 가면서 당신의 미션과 비전, 가치에 집중하라. 그리고 그 과정에서 당신의 핵심 인재들에게 영감을 주고 동기를 부여하고 격려하는 걸 잊지 마라.

물론 이 과정에서 많은 노력과 열정이 소요되긴 한다. 하지만 그만한 가치를 찾을 수 있는 일이다. 당신이 늘 직원들의 이익을 위해 힘쓰고 있다고 직원들이 확신할 때 당신은 좋은 인재가 조직을 떠나는 순간마저도 편하게 받아넘길 수 있다. 게다가 설사 누군가가 떠나야만 하는 경우가 발생했을 때도 당신이 그 사람의 미래에 도움이 되었다는 사실을 알게 되면 기분이 좋아질 것이다.

당신이 리더의 입장에서, 맞지도 않는 옷에 몸을 끼워 넣으려고 애쓰는 수준 미달인 동료들에게 대응할 수 있는 용기를 보여 주면 뜻밖의 결과가 나타나기도 한다. 당신이 내보낸 사람들의 얼굴에 미소가 번지는 걸 볼지도 모른다. 어쩌면 불평분자나 패배자, 얼간이들 중에는 자기 일에 대해 불편해하면서도 차마 인생의 변화를 시도할 용기가 없었기 때문에 그런 마음을 부정적인 태도로 나타낸 사람이 있을 수도 있다. 당신이 진심으로 그들에게 맞섰기 때문에 오히려 그들은 자신에게 어울리는 일을 찾아 나설 수 있는 자유를 얻은 셈이 됐을 수도 있다.

휴! 이번 주제는 얘기를 풀어내기가 힘들었다. 이렇게 끝낼 수 있어 다행이다. 그러나 의료계와 관련된 조직의 임원들에게 인사 변화는 여러 도전 과제 중 하나에 불과하다. 단지 다른 문제들로 넘어가기 전에 먼저 해결해야 할 문제가 직원 이동이나 변경이라는 점을 알려 주고 싶었을 뿐이다. 좀 더 알아볼 준비가 됐으면 다음 장에서 만나기로 하자.

CHAPTER 07

왜 측정이 필요한가?

사람들은 우리가 텍사스에 산다는 소리를 들으면 다양한 반응을 보인다. 우리 둘 다 텍사스 출생은 아니지만 이젠 텍사스를 고향으로 생각한다. 그래서 사람들이 텍사스를 좋아하는 이유에 대해서도, 싫어하는 이유에 대해서도 이해한다. 텍사스 사람들을 얘기할 때 빼놓을 수 없는 게 미식축구에 대한 사랑이다. 어디를 가든 팀 유니폼을 입거나 모자를 쓰고 다니며 좋아하는 티를 낸다. 여기서 말하는 팀은 댈러스 카우보이^{Dallas Cowboy}나 휴스턴 텍산스^{Houston Texans} 같은 프로 팀만을 말하는 게 아니다. 대학교는 물론 심지어 고등학교 팀 마크가 달린 옷들도 자랑스럽게 입고 다닌다. 믿지 못하겠거든 《프라이데이 나이트 라이츠^{Friday Night Lights}》*라는 책을 한번 봐라. (책

---

* 국내 미 출간.

을 읽기가 뭐하다면 영화와 텔레비전 프로그램으로도 만들어졌으니 참고하라.)

어느 토요일, 브릿이 코스트코에 쇼핑하러 갔다가 텍사스 사람들이 얼마나 미식축구에 열광하는지를 절실히 느낀 적이 있다. 코스트코 안에 대형 텔레비전이 켜져 있었고 그 주위로 40여 명이 둘러서서 텍사스와 오클라호마 대학교의 미식축구 경기를 관전하고 있었다. 둘러선 사람들 모두 유니폼과 모자를 착용한 채 마치 경기 결과에 자기 인생이 달려 있다는 듯 선수들의 플레이에 몰두해 있었다.

폴도 그런 경험을 한 적이 있다. 처음 텍사스에 와서 이웃들이 하는 얘기를 들어 보니 모두가 고등학교 미식축구 경기 결과에 관한 내용뿐이었다. 그중에 고등학생 자녀를 둔 사람은 한 명도 없었는데도 말이다. 결론부터 간단히 말하자면, 사람들은 (특히 텍사스 사람들은) 승자와 자신을 연관 지어 격려와 용기를 얻는다. 자신을 승리하는 팀의 일원으로 동일시하며 같은 감정을 느끼는 것이다.

그런데 자기가 응원하는 미식축구 팀이 이기는지 지는지는 잘 아는 당신이 정작 자기 조직의 성패 여부를 아는 방법은 무엇인가? '무슨 소리야, 그건 아주 쉽지.' 이렇게 대답하는 사람도 아마 있을 것이다. '사업의 승리와 패배는 이익을 따져 보면 알지.' 그 말에 전적으로 반대하지는 않겠다. 미래의 성공으로 나아갈 수 있도록 당신의 조직에 연료를 제공해 주는 게 이익이니까. 하지만 금전적 이익만으로 승리하는 조직이냐 아니냐를 판단하기에는 큰 무리가 따른다.

모욕적인 언사라고? 그렇게만 볼 게 아니다. 자, 우리 두 사람의 조직처럼 당신의 조직 또한 성공의 정상을 향한 여행길에 올라 있다. 현실적으로 당신은 최정상에 도달하지 못할 수도 있지만 어쨌든 정상을 향해 여러 봉우리와 계곡을 따라 오르내리며 갈 것이다. 특별한 봉우리에 올라설 때마다, 어두컴컴한 계곡들을 가로지르며 힘들게 이룩한 일을 축하하는 시간을 갖는 게 좋다. 시간을 내서 살펴보면 알겠지만 당신이 힘들게 오른 봉우리들은 재무성과를 제외한 측정 기준, 구체적으로 표현하자면 직원몰입도와 환자/고객 만족 점수를 뜻한다. 그리고 앞으로 나아가는 힘을 얻기 위해서는 이런 부분에 관심을 기울일 필요가 있다. 실제로, 당신이 먼저 직원의 적극적이고 자발적인 참여를 축하하는 데 관심을 쏟고 나서 두 번째로 환자와 고객의 만족에 신경 쓴다면, 감히 장담하건대 재정적 성공을 맛보게 될 것이다.

믿지 못하겠다고? 그러면 시카고 루터란 종합병원의 최고경영자 토니 아마다가 그의 멘토에게서 들었다는 조언을 들어 보면 어떨까? "직원들과 의료진이 행복하면 (환자) 수가 증가한다. 수가 증가하면 비용을 줄일 수 있는 방법을 찾게 된다. 그러면 이윤이 높아지고, 이를 다시 직원들에게 투자할 수 있다." 이보다 더 정확한 표현이 어디 있으랴.

안타깝게도, 우리가 아는 대부분의 의료기관은 토니의 병원과 달리 이 공식을 거꾸로 적용한다. 이들에게는 모든 것이 돈으로 시작해서 돈으로 끝난다. 요즘의, 특히 의료 분야에 있는 리더들은 무서운 상황을 맞이하고 있다. 그들은 재무제표에만 신경 써야 한다고 배웠으며 성공을 위해 리더에게 필요한 경영자 교육이나 역량 개발

훈련을 받은 적이 한 번도 없기 때문이다. 큰 문제점이 아닐 수 없다. 우리가 해결하는 데 도움을 주고 싶다.

돈은 세 번째다

결국 모든 것은 이 한 문장으로 요약된다. 의료 기관 리더들은 숫자가 아니라 직원들에게 치중할 필요가 있다. 설명을 들어 보라.

보건의 역사는 애초에 아픈 사람들을 보살피고 돌보고 싶은 마음을 지닌 사람들에서부터 시작됐다. 그렇지만 아주 과학적인 과정은 아니었다. 첫 외과의사는 이발사가 아니었던가! 1800년대까지는 우리가 지금 '병원'이라고 하는 기관조차 없었고, 병원이 생긴 뒤에도 과학적인 연구보다는 연민 내지 인간애가 더욱 중요한 요소였다. 병원은 종교와 연관성이 있었고 간호사는 수녀들이 맡았다. 당시에는 무엇이 사람들을 아프게 만드는지 그리고 어떻게 하면 아픈 사람들을 낫게 할 수 있는지를 이해하는 데 집중했다. 돌봐 주는 사람들이 얼마나 잘하고 있는지를 측정하는 데 초점을 맞추지 않았다는 말이다. 다시 말하자면, 자료도 없었고, 있었다 해도 일관성이 부족했다.

이를, '숫자만으론 설명이 안 돼.'와 '건강관리 체계가 무너졌어.'가 맞붙는 듯한 오늘날의 상황과 비교해 보라. 그 결과, 환자 치료와 간호에 더 집중하고 싶어 하는 베테랑 의사들과 모든 사람들이 자료, 특히 재무 자료에 초점을 맞추기를 원하는 새내기 의사들 간에 충돌이 발생하고 있다.

의료 개혁에 대한 말들이 무성한 가운데(솔직히 말하면, 부적절한 표현이다. 보건의료 체계는 끊임없는 개혁 상태에 있다!), 요즘에는 건강보험 지불보상제도의 지속적인 변화와 더불어 모든 사람들이 의료 관련 조직의 재무성과에 관심을 기울이려 한다. 잘 들어 보라, 우리가 현실에 반대하는 건 아니다. 모든 조직이 재정적으로 자립할 수 있어야 자기 사람들과 미래 비전에 투자할 자원이 생겨나는 것이 맞다. 그러나 우리는 그 상태, 즉 재정적 자립 수준을 달성하는 것이 직원들의 자발적이고 적극적인 참여 또는 직원몰입에서 시작한다고 굳게 믿는다.

이 책의 표지를 한번 봐라. 혹시 깜박했을지 모르겠지만, 환자는 두 번째다가 이 책의 제목이다. 제목에 대한 반감에도 불구하고 이 시점까지 책을 읽어 준 당신에게 박수를 보낸다. 이제 공식을 완성할 수 있을 것 같다. 직원이 최우선이고 환자는 두 번째이며, 헉! 돈은 세 번째다.

'잠깐만!' 누군가 말하는 소리가 들린다. '방금 회사가 돌아가려면 이익을 내야 한다고 말해 놓고 이제 와서 이익이 겨우 세 번째라는 말은 또 뭐야?' 자, 우리는 몰입도가 높은 직원들이 높은 환자만족도를 이뤄 낸다는 점만큼이나 직원의 적극적이고 자발적인 참여와 높은 환자만족도의 조합이 더 많은 이익을 만들어 낸다는 말을 사실로 받아들인다. 세 번째 결과를 달성하기 위해서는 첫 번째와 두 번째 요소를 합쳐야 한다. 직원들이 더 적극적이고 자발적으로 일에 임할수록 환자들도 더 만족감을 느낄 것이며, 이는 곧 여러분 조직에 더 많은 사업이 생겨난다는 말이다. 아주 간단하다. 사실 재무성과는 당신의 조직이 얼마나 건강한지 나타내는 선행지표가 아니라 후행지표다.

불행히도 의료기관 대부분이 이 중요한 메시지를 보지 못하는 듯하다. 얼마 전, 어느 병원의 여성 CEO를 만나 얘기를 나눈 적이 있다. 그녀는 기업이사회에서 이익을 늘리기 위해 직원과 장비를 줄이는 데만 즉, 비용 관리에만 신경 쓰려 한다며 좌절감에 빠져 있었다. 우리는 그녀의 처지가 안타까웠다. 자르고 쳐내기만 한다면 결국엔 뼈와 근육에 상처를 주게 될 것이기 때문이다. 이는 조직을 하나로 묶고 있는 구조를 조금씩 잘라 내는 꼴이다. 이런 식으로는 미래를 향한 건축 설계가 불가능하다.

이익을 낼 수 있는 방법에는 두 가지가 있다는 점을 우리는 모두 배운 바 있다. 비용을 줄이고 수익을 올리는 것이다. 그러나 의료기관의 경우 이게 쉬운 문제가 아니다. 변동비의 비중이 높다는 점을 해결해야 하고 복잡한 건강보험 지불보상제도로 인해 실제로 병원 손에 떨어지는 수익에 제한이 있기 때문에 쓴 돈에 비해 충분한 이익을 얻기가 더 힘들다. 그러다 보니 대부분의 임원들이 비용 절감을 유일하게 가능한 해결책으로 받아들인다.

글쎄, 의료기관들이 재정안정성^{financial sustainability}을 향해 갈 수 있는 길이 비용 절감 말고도 또 있다는 사실을 알려 주겠다. 그런데도 이 길을 택할 의사가 없다고 하는 사람들은 스스로 자기 무덤을 파는 것이나 다름없다. 실제로 우리는 이익 증가를 위해 비용 절감에만 신경 쓰는 이런 조직들에 대해서는 위험을 무릅쓰고라도 과감하게 비판한다. 이런 조직은 게으르다고. 그래, 우리도 할 말은 한다.

스프레드시트를 이용해 한쪽엔 수익, 다른 한쪽엔 비용이 나온 자료를 뽑아내고 그 자료를 삭제하는 일은 너무 쉽다. 그렇지만 그건 리더십이 아니다. 그냥 산수일 뿐이다. 팀이나 조직의 일원들이 함께 일을 더 잘하면 잘할수록 결과도 좋아질 거라는 데는 모두 동의하리라 본다. 하지만 그런 걸 도대체 어떻게 측정할 것인가? 비용을 모두 더하는 건 간단하다. 그러나 함께 일했던 경험을 어떻게 측정할 수 있는지는 감이 오지 않는다. 진정으로 훌륭한 팀에서 일한다는 게 어떤 건지도 모르는 사람들이 대부분이니 그 경험을 어디서부터 측정해야 할지 어떻게 알겠는가? 이제 뭔가를 그냥 삭감하고 절감해 버리는 게 얼마나 손쉬운 일인지 느낌이 올 것이다.

특출한 비전을 지녔던 컴퓨터 업계의 거물로, 고인이 된 스티브 잡스Steve Jobs의 명언을 빌리자면, '다르게 생각하라Think different'가 리더들이 나가서 해야 할 일이다. 초점의 대상을 바꾸고 당신이 아는 공식을 거꾸로 돌려라. 환자들과 회계사에게 책임감을 느끼듯 당신의 직원들에게도 책임감을 가져라. 크라이스트어스 헬스의 전 최고경영자 톰 로이어의 말대로 "설사 아무도 보는 사람이 없다 하더라도 당신은 자기 할 일에 최선을 다하게 될 것"이다. 직원들의 중요성을 강조하고 그들을 지지하기 위해 최선을 다하면 당신은 미션, 비전, 가치를 향해 조직을 밀고 갈 수 있을 것이다.

'좋아, 속는 셈 치고 믿어 보지. 그런데 이 공식으로 어떻게 성공을 측정할 수 있다는 거야?' 좋은 질문이다. 어느 조직이건 자기가 올바른 길을 가고 있는지 판단하기 위해서는 측정이란 것을 적극적으로 해야 한다. 측정은 자신이 얻기 위해 노력하는 모든 것을 입증해 주고 조직 내 사람들에게 자기가 올바른 방향으로 향하고 있다는 자신감을 심어 준다. 예를 들어, 당신의 조직이 환자만족도에서 최고의 점수를 받았다는 사실을 보여 줄 수 있다면 모든 직원들이 그 점수를 자랑스럽게 여기지 않겠는가. 하지만 점수가 좋지 않을 때에도 직원들에게 솔직해야 한다고 오로라 메디컬센터의 최고경영자 존 힐은 충고한다.

환자만족도 결과를 왜곡해서 적당히 발표하면 직원들이 꼭 알아챕니다. 좋든 나쁘든 결과를 있는 그대로 늘 함께 공유해야 합니다. 향상된 결과, 훌륭한 결과는 축하하고 부진한 결과, 부정적으로 흘러가는 결과에 대해서는 솔직하게 대화를 나누십시오. 환자만족도에서 상위 10퍼센트 안에 들겠다고 예상했으면, 그 맥락 안에서 나쁜 결과에 대해 털어놓고, 결과를 향상시키고 기대한 결과를 얻기 위해 어떻게 하고 있는지에 대해서 얘기하십시오. 절대 공개적으로 처벌을 내리듯이 말해서는 안 되며 부정적인 결과를 덮거나 왜곡해서도 안 됩니다. 이는 책임감에서 멀어져 무관심으로 향하는 길입니다. 직원들도 성공을 원합니다. 우리가 부정적인 결과에 대해서도 솔직하고 확실하게 얘기했을 때 직원들은 늘 긍정적인 반응을 보여 주었습니다.

결과가 긍정적이든 부정적이든, 측정은 자신이 돌아온 길을 되돌아보는 데 중요한 역할을 한다. 그뿐만 아니라, 측정은 조기경보 시스템의 역할도 하면서 당신이 길에서 벗어날 때면 경계하라고 알려 주기도 한다. 예를 들어, 직원몰입도와 환자만족도 점수가 급속히 하락하고 있다면 사막에서 길을 잃기 전에 미리 경로를 바꿀 수 있다는 말이다. 직감만으로 인생을 살아갈 수 있다고 믿고 싶겠지만 현실에서는 자신이 서 있는 위치를 파악하기 위해 자료와 측정이 꼭 필요하다. 당신이 꾀하는 변화를 측정하기 시작한다면, 어느 조직이든 원하는 어떤 분야에서든 (미션, 비전, 가치와 연계한) 전략적 변화를 만들어 낼 수 있다.

질문으로 시작하라

우리 조직에서는 연례 직원몰입도 설문지 조사를 통해 내부적으로 측정을 시작한다. 직원들이 설문지에 나온 각 질문에 대해 1부터 10까지의 점수 사이에서 대답하도록 한다. 다른 조직의 임원들과 얘기해 보니 설문지 조사가 좋다는 건 알겠는데 한 번도 실시해 본 적은 없다고 했다. 실수를 저지르고 있다고밖에 할 수가 없다. 손익계산서와 대차대조표 검토할 시간은 있고 직원들의 몰입도를 살펴볼 시간은 없다니. 인적자본을 가장 중요한 자산으로 믿고 있는 사람이 어떻게 그 자산이 충분한 능력을 발휘하고 있는지 아닌지 알아보지 않을 수가 있단 말인가? 대답은 간단하다. 어느 유명 회사의 주장대로 '주저하지 말고 하라. Just do it' 일단 직원만족도 및 몰입도 조사를 정기적으로 실시하도록 노력해 보라. 후회하지 않을 것이다.

자, 여기서 분명히 밝히는데, *만족*이란 단어는 오해를 불러일으킬 소지가 있다. 우리에게 만족이란 단어는 믹 재거와 롤링스톤즈의 히트곡 'I can't get no satisfaction'처럼 자기네는 만족할 수가 없다고 징징대는 모습을 떠올린다. 그래서 만족도 조사를 할 때면 평생 행복이란 걸 모르고 사는 사람들의 비위를 맞춰 주고 있는 것처럼 보이기도 한다. 반면에, 몰입도^{engagement}는 이 상황에서 사용하기에 더 효과적이고 우리 생각엔 더 정확한 용어라 할 수 있다. 왜냐하면 누가 조직을 더 신경 쓰고 조직을 위해 일하는 걸 좋아하는지 측정하고 있다는 점을 시사하기 때문이다. 표현을 달리하자면, 우리가 이 조사를 실시하고 싶어 하는 건 단지 누가 행복해하고 만족해하는지를 알기 위해서가 아니라, 우리가 팀으로서 함께 하는 일들에 누가 관심을 갖고 신경을 쓰는지를 알고 싶은 마음이 더 크기 때문이다.

그래서 몰입도 조사는 하나의 조직으로 뭉친 우리가 목적지에 다다를 수 있는 가속도를 지니고 올바른 궤도 위를 달리고 있는지 알아볼 수 있는 훌륭한 도구가 된다. 우리 조직은 지속 가능한 정도로 속도와 성장을 이어 가고 있는가? 가속도가 붙지 않으면 우리는 추락하고 말 것이다. 우리는 올바른 전략 방향으로 향하고 있는가? 궤도가 잘못됐다면? 짐을 싸라, 모든 게 끝났으니까. 그리고 우리와 같은 뜻을 지닌 다른 조직의 조사 결과를 벤치마킹하면 우리가 지닌 속도와 경로가 옳은지 알아보는 데 도움이 된다. 당신 조직의 결과와 다른 조직의 결과를 비교함으로써 객관적인 현실을 파악하고 고쳐 갈 수 있다.

우리 각자와 조직에게 중요한 점은 주기적으로 조사를 실시하면 시간이 지나면서 패턴 분석이 가능해진다는 사실이다. 설문 조사 결과를 통해 발전 상황을 축하해야 할 이유를 찾을 수 있다. 혹은 잠시 멈춤 단추를 누르면 어디서부터 뭐가 잘못됐는지를 찾아낼 수 있는 패턴이 나타나기도 한다. 이를 통해 설문 조사에서 가장 낮은 점수를 받은 분야를 목표로 삼아 향상시키는 노력을 기울일 수 있다.

예를 들어, 베릴헬스에서는 직원몰입도 조사에서 가장 낮은 점수를 받은 다섯 가지 부문을 찾아내 이에 대처할 수 있는, 조직 전체에 걸쳐 리더급(감독 임무를 수행하는 사람이면 누구라도) 열 명으로 구성된 다기능팀을 만든다. 이 팀은 직원들을 인터뷰하고 점수가 낮은 이유, 예를 들어, 회사에서 실시하는 교육 및 개발 프로그램에 직원들이 왜 회의적인 태도를 보이는지를 밝혀낸다. 특정 임무를 맡은 리더십팀은 30일 이내에 문제를 조사하고 밝혀내며, 그 다음 30일 동안 그 문제를 해결하기 위한 실천 방안과 권고 사항을 마련한다.

도움이 될 만한 정보 한 가지를 알려 주겠다. 시간을 내서 설문 조사에 적힌 직원들의 지적 사항을 하나하나 모두 읽어 보라. 직접 경험해 보면 그 안에 얼마나 소중한 내용이 담겨 있는지 깜짝 놀라게 될 것이다. 직원들이 밝힌 견해는 불평의 이유를 들여다볼 수 있는 유일한 통로다. 조지 S. 패튼^{George S. Patton} 육군 장군도 이 점에 대해 매우 잘 알고 있었다. 그는 병사들의 복장, 싸움터 안팎에서의 행동, 심지어 경례 자세까지 철저하고 까다롭게 챙겼다. 그러나 독설과 독단으로 유명한 패튼 장군에게도 부드러운 면이 있었으니, 병사들이 탱크에 이름을 붙이고 장식하는 문제에 대해선 너그럽게 대했다. 병사들이 원하는 대로 할 수 있도록 많은 걸 허락하는 편이었다. 그 이유를 묻는 질문에 패튼 장군은 병사들이 쓰고 그려 넣은 그림이나 낙서를 통해 병사들을 더 잘 이해할 수 있기 때문이라고 간단하게 대답했다. 다시 말해서, 그는 변화를 줄 수 있는 전략을 더욱 부추기기 위해서 감정에 기반을 둔 데이터와 사실에 입각한 데이터가 둘 다 중요하다는 사실을 이해했던 것이다.

자, 직원들이 짧게 남긴 글귀들을 모두 훑어보면서 감정적 정보를 찾아내기 위해 애쓰는 것이 얼마나 힘든 일이며 때론 스트레스까지 받는 일이라는 점은 우리도 인정한다. 직원들이 직장에 대해서, 그리고 리더인 당신 개인에 관해서 좋지 않게 생각하는 사항들을 적은 글을 읽다 보면 상당한 상처를 받을 수도 있다. 물론, 지금 당신의 임무는 글을 적은 직원들 중에서, 조직에서 내보내고 싶은 불평분자, 패배자, 얼간이를 골라내는 게 아니다. 부정적인 견해를 단 사람이라고 해서 모두 포기할 수는 없다. 당신이 할 수 있는 일은, 한 사람이 아닌 여러 사람들의 코멘트에서 드러나는 공통된 주제와 패턴을 찾아내는 것이다. 공통된 주제와 공통된 불평이 나온다는 건 공통된 문제점이 있다는 뜻이다. 그게 무엇인지를 파악할 때가 행동을 취해야 할 때다.

들으면서 측정하라

설문 조사만으로 효율적인 측정이 이루어진다고 할 수는 없다. 직원들의 만족도와 몰입도를 진정으로 이해하고 관리하려면 직원들이 당신과 소통할 수 있도록 다양한 입력 경로를 만들어 내야 한다. 때로 사무실을 벗어나 병원 복도를 걷는 것만으로도 직원들의 마음의 통로를 열고 불평의 원인을 알 수 있는 기회가 생긴다. "내가 더 외출할수록, 우리의 리더들이 더 자주 돌아다닐수록 직원들은 이 분야에서 최고가 되기 위해 우리가 기울이는 노력을 더 잘 이해하게 됩니다." 파크뷰헬스의 최고경영자 마이크 팩넷은 이렇게 말한다. "게다가 나가서 돌아다니다 보면 아주 좋은 에너지를 얻습니다. 영감이 막 떠오릅니다."

우리 리더들은 여러 방법을 사용해 TV 프로그램 〈CSI〉에 나오는 수사관 또는 연구원의 역할을 담당한다. 설문 조사 자료는 조직이 기능적으로 잘 돌아가고 있는지를 조사할 수 있는 첫 번째 단서를 제공한다. 하지만 모든 사람들이 조직문화가 훌륭하다고 말한다고 해서 거기서 끝내서는 안 된다. 조사를 위해 다른 단서들을 더 깊이 파헤쳐 보고 다른 방법들을 사용하겠다는 마음 자세를 지녀야 한다.

베릴헬스에서는 인트라넷에 '폴에게 물어보세요.'라는 방을 만들어 직원들이 지적 사항이나 의견을 올릴 수 있도록 했다고 앞에서 말했었다. 그것 말고도 폴은 (브릿의 아이디어를 훔쳐다가) '먹고 떠들기Chat and Chews'라는 방법을 활용해 직원들과 점심을 먹으며 그들의 생각과 관심사를 나누는 기회로 활용한다. 세인트조셉 호스피탈 오브 오렌지의 최고경영자 스티브 모로도 자기만의 먹고 떠들기 버전을 고안해 냈다.

한 달에 한 번, 병원 현장 직원들과 각 부서를 위한 아침식사 자리를 가집니다. 부서가 100개 정도 되지요. 각 부서에서 저와 한 달에 한 번씩 아침을 먹을 수 있는 직원 한 명을 선정합니다. 그 직원은 CEO와 함께하는 무료 식사권을 얻은 대가로 질문이나 화젯거리, 소문 등 어떤 것이든 생각나는 것을 제게 미리 메일로 보내야 합니다. 그러면 제가 사람들이 모두 모인 앞에서 궁금한 점에 대해, 아무리 힘든 대답이라도 성심껏 답변합니다. 그러고 나서 모인 사람들이 새로운 질문을 하면 대답해 주고 궁금한 점이 있으면 새로운 소식이나 진행 상황을 설명해 주죠. 그리고 그 모든 내용을 공개해 전 조직이 모두 알 수 있도록 합니다.

이런 시간을 함께 나눔으로써 리더인 당신은 직원들에게 중요한 요구 사항이나 문제점들을 진심으로 수용하고 있다는 점을 보여 주게 된다. 어떤 재무제표에서도 찾을 수 없는, 사실적이고 실용성 있는 데이터를 손에 넣게 된 당신은 더 나은 결정을 내릴 수 있는 올바른 길을 가고 있는 셈이다.

그렇다고 이런 방식으로 자료를 수집하는 게 쉽다고는 하지 않겠다. 브릿은 먹고 떠들기 프로그램을 하면서, 직원만족도가 하위 10퍼센트인, 불만이 가장 심한 직원들과 함께 했던 시간을 떠올린다. 브릿은 그 직원들을 바로잡아 줄 수 있기를 바랐다. 직원들에게서는 부정적인 말들이 쏟아져 나왔고 한 시간 동안 고개를 끄덕이며 들어주던 브릿은 자신이 실수를 저질렀다는 사실을 깨달았다. 부정적 사고를 지닌 사람들 사이사이에 긍정적 사고를 지닌 사람을 끼워 넣을 필요가 있었다. 다음번 먹고 떠들기 시간에는 만족도 점수가 높은 사람과 낮은 사람을 반반씩 초대해 대화의 분위기를 바꿔 보기로 했다. 효과는 바로 나타났다. 일부 직원들의 불평에도 불구하고 대화의 주제는 발전을 위한 변화에서 벗어나지 않고 진행되었다.

이 대목에서, 기대주로 인정받는 직원들이 그렇지 못한 직원들에게 보여 주는 행동이 결정적인 역할을 한다는 사실을 인정해 주는 게 얼마나 중요한지가 드러난다. 슈퍼스타 직원들은 설사 당신이 빠진 자리에서도 조직의 미션, 비전, 가치를 대변하는 대사의 역할을 효과적으로 수행한다. 이런 생각을 중심으로 일종의 과정 내지 시스템을 구축하면 이들의 역할을 강화하고 확대할 수 있다. 하트포드 헬스케어의 최고경영자 엘리엇 조셉이 자신이 개발해 조직 전체에서 실행하고 있는 하트포드 헬스케어 운영 방법How Hartford Healthcare Works, H3W 프로그램에 대해 말해 주었다.

H3W 프로그램을 실행하기 위해서는, 모든 직원이 어디건 한 작업 그룹의 일원이 되어야 하며 각 그룹은 적어도 한 달에 한 번씩 만나야 합니다. 각 작업 그룹에는 리더가 한 명 있습니다. 우리는 H3W 업무, 즉 변화관리change management 훈련을 받은 사람들로 조력자 그룹을 만들었습니다. 이들은 린Lean이든 6시그마Six Sigma든 발전을 주도할 수 있는 변화관리 기법이 몸에 익은 사람들입니다. 각 작업 그룹은 데이터를 중심으로 움직이며 그들만의 측정 기준이 있습니다. 또한 각 그룹은 훈련받은 조력자들에 의해 일을 추진하는데, 이 조력자들은 다수의 작업 그룹을 도와줍니다. 이 프로그램은 팀워크와 인정recognition을 기반으로 운영되기 때문에 모든 팀 미팅이 가장 중요한 역할을 합니다. 이제는 조직 전체에 걸쳐 각 작업 그룹에서 무엇이 우선순위고 무엇을

측정하며 어떻게 발전해 나가고 있는지를 이해할 수 있습니다. 결국 모든 조직의 아이디어 창출이 중요하다는 얘긴데, 7천 명의 사람들이 수천수만의 아이디어를 냈고, 그중 수많은 아이디어가 실행 및 완성 단계에 있습니다. 그와 동시에, 작업 그룹은 의사소통의 수단이 되기도 합니다. 시스템이나 조직 전반에 걸쳐 무언가를 시작하려고 할 때 그 시도를 실제로 집행할 수 있는, H3W를 통한 조직적인 체계가 잡혀 있는 겁니다. 따라서 어느 부서나 어느 작업 그룹에 그냥 가서도 누가 여기서 일하느냐, 우선순위가 무엇이냐, 무엇을 측정하느냐, 무엇을 실행 중이냐 물을 수 있다는 얘깁니다. 거기다 눈에 확실히 들어오는 계기판까지 자리 잡고 있으니, 뭐 완전히 딴 세상에 온 거나 다름없습니다.

직원들을 한자리에 모아 의견을 교환할 수 있게 하면 의사소통 채널이 열린다. 당신이 변화의 언어로 직원들에게 말을 건네면 직원들은 거기에 응답한다.

또한 정보 수집을 위해 직원들을 모아 놓은 자리에서 말하지 말아야 될 사람이 누구인지를 이해하는 것도 중요하다. 브릿이 개최한 직원 토론회는 직원들이 회사에 관한 새로운 정보를 얻기 위해 모인 자리이므로 병원의 재무 담당 최고책임자가 조직의 재정 상태에 대해 설명하지 않는다. 의료업계에서 활동하든 아니든, 대부분의 다른 조직들은 직원 토론회에서 재정 상태 설명을 당연시한다. 토론 주제에서 이 문제를 다루지 않는다고 숫자가 중요하지 않다는 뜻은 아니다. 단지 먼저 집중해야 할 다른 일들이 있다는 점을 강조하기 위해서다.

이는 앞에서 미션, 비전, 가치의 중요성에 대해 언급했던 부분을 다시 생각하게 한다. 조직의 재정 상태에 대해 말할 수 있는 유일한 사람이 재무 담당 최고책임자라면 이익이라는 말도 회계 담당자 외에는 금기 단어가 돼야 한다는 것이나 마찬가지다. 때때로 의료 분야에서 일하는 사람들은 마치 환자 치료에 더 많은 관심이 있고 이익에 대해 걱정하는 일은 아주 성가신 일이나 되는 듯 행동한다. 정말 그런 건가? 한번 생각해 보라. 우리가 하는 일도 비즈니스다. 비용 절감에 대한 주제를 꺼내면 그저 눈만 말똥거리는 사람이 두어 명 있다. 이런 사람들을 보면 붙잡고 물어보고 싶어진다. '월급은 맘에 드시나요?' 그러면 그 사람들도 관심을 보일 것이다, 그렇지 않나? 하지만 이게 본론이 아니다. 우리에게는 위탁받은 소중한 재원을 현명하게 잘 사용해야 할 도덕적 의무가 있다. 환자와 가족들은 병원비를 내기 위해 고생한다. 이는 우리에게도 가능한 한 효율적이고 효과적으로 행동해야 할 책임이 있다는 뜻이다. 그것이 우리가 환자들과 지역사회에 보답하는 길이다.

그러므로 직원 토론회와 모임을 소집할 때는 CEO, CFO, CNO를 비롯해 팀에 속한 사람들은 모두 참석하도록 하는 게 합당하다. 그래야 조직 전체에 걸친 모든 측정에 관해 얘기할 수 있다. 총 직원이 11,500명에 달하는 리하이밸리 헬스시스템의 최고경영자인 론 스윈파드는 6,000여 명까지 참석하는 직원 토론회를 열기도 했다. "말 그대로 모든 사람들을 다 초대합니다. 병원 청소부, 서비스 근로자, 수련의, 응급의료 인력 등등 모두 말이죠. 아무도 빠뜨리지 않고요. 치료를 받기 위해 오는 사람들은 누가 누구인지 가리지 않습니다. 병원에 와서 보고 겪는 직원들의 모든 언행과 표정을 통해 환자경험을 하게 된답니다."

　모든 사람들을 참여시키기 시작하면 흥미로운 현상이 발생하기 시작한다. CFO가 직원들의 자발적이고 적극적인 참여에 대해 열정적으로 발표하는 광경을 보는 건 멋진 경험이다. 그 말은 재무 담당자도 이해한다는 뜻이다! 조직의 성공은 재정 상태로만 판단하는 것이 아니라 환자 충성도, 의료진 만족도, 성과 품질, 그리고 당연히 직원몰입도를 통해서도 판단해야 한다는 사실을 깨달았다는 의미다. 저명한 의료계 인사이자 미국의료경영자협회American College of Healthcare Executives 전 회장 및 말콤 볼드리지 국가품질상Malcolm Baldrige National Quality Award 수상자인 룰론 스테이시Rulon Stacey는 이렇게 설명한다.

> 말콤 볼드리지 국가품질상을 받기까지 가장 힘든 일은 리더들에게 책임감을 심어 주는 일이었습니다. 팀이 말하는 걸 듣고, 그 다음은 자기가 들은 내용을 받아들여야 할 의무감을 깨닫게 하는 것 말입니다. 그렇게 하려면 조직의 미션과 비전, 가치 달성을 위한 용기와 헌신이 요구됩니다.

　경영대학원에서는 성공을 측정하는 방법으로 조직의 핵심 성과지표KPIs, Key Performance Indicators를 밝히는 기술이 뛰어난 경영자들을 대량 생산해 낼지도 모른다. 그러나 CFO가 직원 토론회 무대에 올라 환자만족도와 직원몰입도에 대해서 논의할 때는, 글쎄, 사람들의 반응이 상당히 좋다. 숫자 놀음이나 듣겠거니 예상하고 있던 직원들이 재무 담당자의 입에서 열정과 인격에 관한 얘기를 들으면 조직의 성공에 가장 중요한 것이 바로 직원들이라는 점을 다시 한번 느끼게 된다. 물론, 당신의 운영 상태를 전체적으로 바라보기 위해서는 모든 데이터와 KPIs를 수집할 필요가 있다. 그러나 데이터가 당신이 궁극적인 목표를 향해 가는 데 힘을 주지 못한다면 데이터를 강조하지 말라. 그런 데이터가 오히려 진로를 방해하기 시작하거든 아예 수집하는 걸 멈춰라.

승리를 축하하라

리더인 당신은 정기적으로 경영진에게 진전 상황을 검토하고 조직의 건강 상태를 측정하라고 부탁할 것이다. 하지만 사람들이 인간적 측면보다 양적 자료quantitative data를 분석하는 데 시간을 보내다 보면, 당신이 이전에 부탁했던 순간 이후로 조직이 어떻게 변화했고 어떤 성과를 거두었는지 잊어버리는 듯하다. 당신의 입에서는 '농담하시는 겁니까? 그 문제를 해결하기 위해 우리가 뭘 했는지 기억을 못한단 말입니까?'라는 말이 저절로 나올지도 모르겠다. 하지만 불만을 터뜨리기 이전에 왜 사람들이 잊어버렸을까 그 이유를 스스로 물어보라. 조직이 맛본 승리의 순간을 직원들과 충분히 나누고 축하했는가? 다시 말해서, 직원들이 요청한 대로 당신이 약속을 지켜 만들어 낸 변화에 대한 공을 효과적으로 인정할 수 있는 방법을 찾아냈는가?

앞에서 했던 축구 얘기를 기억하는가? 사람들은 승자와 함께하고 정상을 향한 여정에서 성공을 거듭하는 조직과 함께 어울리고 싶어 한다. 숫자 놀음을 넘어서서 직원들과 조직 둘 다 승리하고 있다는 사실을 직원들에게 보여 줄 수 있는 방법을 당신이 찾아야 한다는 뜻이다. 사실적인 승리와 더불어 감정적인 승리도 확인할 필요가 있다. 베릴헬스의 사례로 돌아가서, 조사를 바탕으로 변화의 방법을 추천하는 과제를 맡았던 리더십팀이 연말이 되면 다시 직원들에게 각각의 요청 사항에 대해 그동안 어떤 변화가 있었는지를 알려 주는 이유가 바로 이 때문이다. 여기서 중요한 점은 당신이 CEO 또는 리더로서 혼자서 모든 데이터를 처리해야 한다는 부담감을 가질 필요가 없다는 것이다. 모든 걸 터놓고 조직의 모든 이들과 함께 공유하도록 하라. 그래야 모든 사람들이 하나의 팀으로 뭉쳐 약점을 고쳐 가고 성과를 축하할 수 있다.

또한 그동안 조직이 달성한 성과를 외부에서 검증받는 과정도 매우 중요하다. 폴과 브릿이 어디서 만났던가? 〈댈러스비즈니스저널 Dallas Business Journal〉이 후원하는 가장 일하기 좋은 직장 시상식 무대 위였다. 아, 벌써 입이 근질근질하는 사람들이 보인다. '그게 무슨 대단한 상이라고. 별 의미도 없는 상 아닌가.'라는 말을 하고 싶은 사람이 있는 것 같다. 하지만 그 말에는 동의할 수 없다. 사실 이런 상을 받는 것은 조직의 성공을 측정하는 동시에 축하할 수 있는 길이라는 점을 확실하게 밝힌다. 다시 한번 말하지만, 스포츠팬들은 승리하는 팀의 일원이 되고 싶어 하는 법이다.

이런 상들은 정상으로 향하는 성공의 길이 어디인지를 알려 주는 이정표 역할을 한다. 직원들의 적극적이고 자발적인 참여라는 성과를 축하함으로써 우리가 직원에 대해 관심이 있고 직원들의 경험을 소중하게 여긴다는 점을 전달하게 된다. 그렇다고 우리 말만 믿지 말고 직접 해 보라. 당신의 팀에서 좋은 성과를 낸 사람 한 명을 선정해 내부적으로 축하하고 상을 수여하는 기회를 만들어 보라. 큰 소리로 자랑스러움을 표현하라! 장담하건대, 다른 팀들도 인정받기 위해 앞다퉈 나서는 모습을 보게 될 것이다.

브릿도 프레스비 병원에서 직원몰입도 최고 점수를 받은 부서를 축하해 주기 위해 재미있는 뮤직비디오를 제작하는 과정에서 도움을 주다가 직원들의 이런 모습을 본 적이 있다. 무슨 일이 일어났는지 상상이 가는가? 그 후에 여러 부서에서 왜 자기 부서는 축하해 주지 않느냐며 연락을 해 왔다. 그래서 그 행사는 직원몰입도 최고 점수를 축하하기 위한 자리였다고 얘기했고, 그 말을 들은 직원들이 얼마나 경쟁적으로 뛰어들었는지 당신도 봤어야 했다. 모두가 승리하는 팀의 일원이 되고 싶어 했다.

하지만 당신은 직원몰입도만이 아니라 다른 기준으로 축하 자리를 마련해도 좋은 효과를 거둘 수 있다는 점도 알아야 한다. 브릿이 메디컬시티에 있었을 때 선임 리더십팀에게 이런 질문을 한 적이 있다. "여러분 부서에서 일하는 사람들이 거둔 성공을 어떤 방식으로 축하해 줍니까?" 처음에는 이 질문을 받고 눈만 끔뻑끔뻑대는 사람들이 대부분이었다. 일일 생산성이나 비용 집행에만 신경썼지 자기 부서에서 달성한 성공을 어떻게 축하해야 하는지에 대해서는 생각해 본 사람이 아무도 없었기 때문이다. 하지만 브릿이 모든 사람들로 하여금 양적으로 · 질적으로 측정할 수 있는 활동이나 이벤트 목록을 만들라고 요청하자 방 안에서 에너지가 소용돌이치는 걸 느낄 수 있었다.

결과는 놀라움 그 자체였다! 브릿의 리더십팀은, 가래 어워드 Sputum Award라는(우리가 생각해도 이름이 좀 역겹긴 하다!) 지역 이벤트 퀴즈쇼에서 우승한 호흡기내과respiratory therapy department를 축하할 방법을 생각해 냈다. 비용 절감과 절차 개선 때문에 종종 애를 먹던 재무팀은 '기발한 아이디어 어워드'를 만들어 제정했다. 이 프로그램을 통해 많은 계획들이 쏟아져 나왔으며, 재주 있는 팀원들이 달성한 성과를 축하하는 아주 재미있는 비디오 영상을 제작하기도 했다. 다음 직원 토론회에서 이 비디오는 대성공을 거두었다.

전체적으로, 메디컬시티의 부서들은 조직이 외부로부터 인정받는다는 걸 알게 되면서 큰 효과를 보았다. 메디컬시티는 미국간호협회가 인정하는 마그넷 병원Magnet Hospital이라는 칭호를 텍사스에서 가장 빨리 받은 병원 중 하나(전국 6,000여 개 병원 중에서는 400개 병원 중 하나)가 되었다. 마그넷 병원으로 지정된다는 건 최첨단 간호서비스를 제공하는 병원으로 인정받는다는 걸 뜻한다. 이런 상을 받는다는 건 조직과 직원들에게 자신의 업적을 축하하는 기회를 제공할 뿐만 아니라 그런 조직에서 일하고 싶어 하는 능력 있는 일류 간호사들을 불러올 수 있다는 장점도 제공한다. 처음에 메디컬시티가 이 상을 수상할 거라고 생각한 사람은 아무도 없었다. 하지만 이제 댈러스는 병원 수 대비 마그넷 병원 수가 가장 많은 곳으로 변모했다. 주변 지역에 있는 병원들이 메디컬시티를 따라잡기 위해 기대치를 올렸기 때문이다.

조직의 승리에 대한 축하가 어떻게 스스로의 힘으로 목표를 달성하는 계기를 마련하면서 순환과정을 거치는지 보이는가? 이것은 마치 물에서 구명구를 점점 더 멀리 던져 놓고 그곳까지 당신의 팀이 가능한 한 빨리, 그리고 멀리 헤엄쳐 가는 도전과 같은 것이다. 마그넷 인정 프로그램 같은 포상을 받는다는 건 당신의 팀이 얼마나 멀리 왔는지를 측정할 수 있는 방법이 된다. 그뿐만 아니라 다른 사람들에는 당신을 따라가야겠다는 생각을 하게 되는 계기를 마련해 준다. 성공을 축하하면 할수록 우리, 즉 조직뿐만 아니라 전체 공동체사회가 미래에 더 큰 성공을 거둘 수 있다.

이렇게 해서 이번 장의 핵심이자 이 책 전체의 핵심으로 다시 돌아왔다. 직원만족도와 몰입도 수준을 측정하는 것은 당신의 조직이 진정으로 얼마나 건강한지를 말해 주는 선행지표다. 여기서 높은 점수를 얻는다는 건 환자만족도 점수가 올라가고 재정 상태도 더욱 건실해진다는 뜻이다. 눈에 보이는 점들을 선으로 연결하는 것만큼이나 쉬운 일이다. 직원들의 몰입도가 얼마나 높은지 측정하는 것과 당신이 실행한 성공적인 변화를 축하하는 것으로 다시 조직의 미션, 비전, 가치를 추진하는 일에 연결시킬 수 있다. 당신의 팀이 함께 노력해 얻을 수 있는 인정 및 표창 방식을 고안하는 것은 리더인 당신이 궁극적 목표에 이르는 올바른 길을 택하기 위해서 어떤 목표들을 달성해야 하는지를 결정하는 데 도움을 준다. 자, 그렇다면 무엇을 기다리고 있나? 바로 시작하라!

그런데 어떻게? 다음 장에 그에 대한 답이 기다리고 있다.

CHAPTER 08

돈이 다가 아니다

이만큼 얘기했으면 직원들이 달성한 성과를 인정하고 칭찬하는 일이 얼마나 중요한지 이제는 머릿속에 박힐 정도가 되었을 것이다. 사실 그 정도로 되어야 한다. 설마 아직도 감을 못 잡고 있지는 않을 거라 믿는다. 따라서 이제 좀 더 힘든 문제는 어떻게 그걸 잘 할 수 있느냐는 것이다. 많은 리더들이 저지르는 실수 중 하나는 성과를 인정하기 위해 일률적인 접근 방식에 의존한다는 사실이다. 당신이 어떻게 생각하든, 세상에 한 가지 만능 해결책이란 것은 없다. 그렇다고 '이달의 우수 직원' 상패 같은 무미건조한 방법을 사용하는 건 효과가 미미하다. 당신 조직만의 특성에 어울리는 방법을 당신 스스로 찾는 수밖에 없다. 그리고 거기에 약간의 창의성을 더해야만 한다. 시카고 루터란 종합병원의 최고경영자 토니 아마다는 우리에게 이렇게 말한다. "당신이 사람들을 직원으로만 대우하면 그 사람들도 직원처럼만 행동할 것이고, 당신이 인정하고 포상하면서 최고로 대우하면 그 사람들도 적극적이고 자발적으로 일에 몰입할 겁니다."

자, 여기까지 왔으니 이제 할 만큼 했다고 시들해져서는 안 된다. 아직 끝나지 않았다. 그래, 어쩌면 우리가 기존의 컨설팅회사들이 제공하는, 모든 문제를 풀어낼 수 있는 간편한 해결책과 가벼운 약속들을 너무 대놓고 공격하는 건지도 모르겠다. 우리도 컨설팅회사들이 제안하는 해결책들이 솔깃하게 들린다는 건 안다. 하지만 경험으로 볼 때, 목적과 개인의 필요를 고려하지 않은 인정과 포상은 효력이 없다. 당신이 상대방의 노력을 개인적인 방식으로 그리고 서로 다른 방식으로 인정해 주려는 노력을 기울이지 않으면 십중팔구 실패하게 된다는 말이다. 또한 인정과 포상은 돌발적이어서도 안 된다. 정기적으로 당신의 사람들을 인정하고 감사를 표하는 노력을 기울여야 한다.

그렇게 하지 않는다면? 간단히 말해서, 진심이 없는 칭찬은 직원들의 몰입도를 떨어뜨리는 지름길이다. 제대로 하지 않으면 직원들은 당신의 노력이 부족하다는 걸 정확히 알아챈다. 인정과 포상을 나눠 주는 일은 과학이 아니라 예술에 가깝다. 어찌됐든, 이제 당신이 해야 할 일이기도 하다. 스파크스 헬스시스템의 최고경영자 멜로디 트림블의 설명을 들어 보자.

잘하고 있는 사람들을 어떤 방식으로 인정해 줍니까? 첫째, 진심이 담겨 있어야 합니다. 둘째, 예기치 않게 해야 합니다. 저는 새로 직원들이 오면 자기가 어떤 방식으로 인정받는 걸 좋아하는지 적어 달라고 합니다. 제 개인적으로는 카드 주는 걸 아주 좋아합니다. 모두들 카드회사에서 제게 상이라도 줘야 한다고 말할 정도랍니다.

우리도 안다, 알아. 모든 사람들이 다 이런 걸 좋아하는 게 아니라는 걸. 제2장에서 언급했던 브릿의 동료 CFO는 직원의 적극적이고 자발적인 참여와 재정 상태는 아무 상관이 없다고 믿었다. 그러니 당연히 직원들을 인정하고 포상하는 프로그램의 효과 또한 믿지 않았다. 그 CFO(미스터 구두쇠라고 하자.)의 말에 따르면, "그런 프로그램을 시작하면 사람들은 점점 더 많은 포상을 바라게 될 것"이다. 그러면서 "이런 프로그램을 언제까지 계속해야 하는 건가?"라고 묻는다. 당연히, 끝이 없다는 게 내 답이다. 인정과 포상은 무슨 점검표처럼 '음, 잘 됐군.'하면서 한 번 확인하고 끝내는 게 아니다. 지속적으로 당신의 조직, 그리고 조직의 미션과 비전, 가치를 하나로 묶어 주기 위해 당신이 끝까지 약속하고 헌신해야 하는 일이다.

여기서 한 가지 깨달아야 할 점이 있다. 만약 당신이 조직에 새로 들어와서 이런 변화를 꾀하고자 하는 사람이라면 천천히 시작하는 게 좋을지도 모른다. 외부에서 새로운 조직의 상급직으로 와서 한순간에 기존의 조직문화에 새로운 아이디어를 불어넣는다는 것이 얼마나 힘든 일인지 우리도 잘 안다. 그러므로 한 번에 한 발자국씩, 효과가 나타나는 부분부터 다져 가면서 천천히 쌓아 가야 한다는 말이다. 다른 리더들은 꿈속에서나 그렸던, 적극적이고 자발적으로 일에 참여하는 인력을 양성하고 싶어 하는 당신에게는 어떻게 활기차고 효율적인 인정 및 포상 프로그램을 가동시키느냐가 퍼즐을 완성하는 가장 큰 조각이 될 것이다.

돈이 다가 아니다

한 걸음 뒤로 물러서서 중요한 사실을 하나 짚고 가자. 대부분의 사람들에게는 돈만 가지고 동기를 유발할 수는 없다. 다시 말해서, 보너스나 금전적 보상만이 자신의 노력에 대해 포상을 원하는 사람들을 인정해 주는 유일한 방법은 아니라는 뜻이다. 솔직히 말해 보자. 사람들은 누구나 자기가 잘한 일에 대해서 누군가 등을 토닥여 주길 바라는 마음을 가지고 있다. 하지만 거기다가 어떤 물체, 예를 들어 조직의 목표 달성에 기여한 바가 크다는 문구를 적어 넣은 간단한 상패나 트로피와 함께 감사를 표하면 그걸 받은 사람은 자기 사무실이나 공간에 전시해 놓고 동료들에게서 인정받았다는 행복감을 누릴 수 있다.

다음의 사례를 살펴보자. 브릿은 선임 리더십 회의를 할 때마다 베렛 캐롯Berrett's Carrot이라는 걸 나눠 준다. 베렛 캐롯은 당근 모양의 장난감으로, 일종의 비니베이비Beanie Babies처럼 생긴 인형인데 친절을 베푼 직원들에게 고마움을 표하기 위해 나눠 주는 것이다. 브릿은 아드리안 고스틱Adrian Gostick과 체스터 엘튼Chester Elton의 저서 《당근의 법칙: 직원들을 신명나게 만드는 지혜로운 비법The Carrot Principle: How the Best Managers Use Recognition to Engage Their People, Retain Talent, and Accelerate Performance》*에서 이 아이디어를 얻었다. 이 책에서 말하는 주제는, 직원들이 앞서 나가고자 하는 의욕을 느낄 수 있도록 관리자가 자주 생산적인 칭찬과 뜻깊은 포상을 제공할 때 조직의 업무 성과가 올라가고 재무 상태도 좋아진다는 것이다. 한 가지 흥미로운 주장은, 상을 수여할 때 보통 회사에서 기준으로 삼는 예산 절감이나 프로젝트 완성과 반드시 연관 지을 필요는 없다는 것이다.

여기가 창의성을 발휘할 수 있는 부분이다. 베렛 캐롯처럼 자기만의 방식으로 고마움을 표하는, 아주 작은 일에 대한 포상에도 큰 의미를 담아 낼 수 있다. 브릿은 기회가 있을 때마다 상대방의 노력에 대해 고마움을 표한다. 언뜻 보면 대단한 일이 아니지만 조직을 전체적으로 튼튼하게 만들어 주는 직원들의 작은 노력을 인정하려는 시도이다. 한번은 급여 담당 직원에게 고마움의 글귀를 담아 상을 수여한 적이 있었는데, 이 직원은 아무도 알아주지 않을 거라 생각했던 자신의 노력을 인정받았다는 생각에 눈물을 터뜨렸다. 또 한번은, 브릿이 병원 복도를 걸어가다 선임관리자가 허리를 굽혀 복도에 떨어진 휴지를 줍는 모습을 보았다. 물론 복도에 떨어진 휴지를 보면 줍는 사람이 대부분일 것이다. 하지만 다음 날 아침 브릿은 그 관리자의 선행에 감사하는 뜻으로 당근 인형을 선사했고, 그 관리자는 지금까지도 그 인형을 자기 책상 위에 자랑스럽게 모셔 두고 있다.

여기서 한 가지 조언을 하겠다. 정말로 효과가 좋은, 고마움을 확실히 표현할 수 있는 상징물을 찾고 싶다면 사람들이 자기 사무

---

* 송계전 옮김, FKI미디어, 2007.

실이나 칸막이를 어떻게 장식하는지 살펴보라. 벽에 졸업증이나 자격증을 걸어 놓고 있다면 그런 사람들은 어떤 방식으로 인정받고 싶어 하는지 단서를 얻을 수 있다. 조그만 장식 소품이나 장난감도 마찬가지다. 당근 모양의 인형이 직원들 동기 유발에 얼마나 큰 도움이 되는지 놀라울 정도다. 당신의 직원들이 어떤 식으로 인정받는 걸 좋아하는지 시간을 들여 알아내라. 직원들이 당신의 포상에 얼마나 큰 의미를 부여하는지 알면 놀라게 될 것이다.

또 한 가지 기억해야 할 점은 직원이 자기 동료들 앞에서 포상이나 칭찬을 받을 때 굉장한 보람을 느낀다는 사실이다. 베릴헬스에서는 매년 연말파티를 두 가지 중요한 상을 수여하는 자리로 활용한다. 하나는, 베리 슈피겔만 스피릿 어워드^{Barry Spiegelman Spirit Award}다. 2005년에 사망한 베리는 폴의 형이자 비즈니스 파트너로 즐거움이 충만한 사람이었다. 그는 암과 싸우는 와중에도 놀라울 정도로 긍정적인 태도를 유지했다. 베릴헬스 직원들은 이런 베리의 정신을 가장 잘 보여 준 동료를 수상자로 선정한다. 다른 하나는 페이스 오브 베릴헬스^{Face of BerylHealth}로, 누구보다도 회사의 핵심 가치관을 잘 따르며 사는 직원에게 수여하는 상이다. 이 상은 아름다운 유리 조각품인데, 수상자가 집에 가져가기 전에 누가 왜 이 상을 받았는지 모든 사람들이 계속 볼 수 있게 회사 사무실의 잘 보이는 곳에 1년 동안 전시해 놓는다.

상의 크기는 중요하지 않으며, 귀금속이든 헝겊 인형이든 재료도 부수적인 문제일 뿐이다. 그 상이 뭔가 특별한 것을 의미한다는 생각, 그리고 모두가 그걸 알고 있다는 사실이 중요한 것이다. 예전에 폴은 대형 콜센터를 운영하는 CEO를 만난 적이 있다. 그 CEO 는 "선생님 책을 읽어 봤습니다. 우리 회사도 다른 회사들과는 다르 답니다. 선생님 회사처럼."이라고 말했다. 그는 직원들이 영업 할당 량을 채우기만 하면 원하는 레스토랑에서 무료 점심을 먹을 수 있는 상여 제도를 만들어 냈다고 했다. 폴은 내내 조용히 고개만 끄덕이 며 그의 말을 듣고 있었다. 바람직하지 않은, 하지 *말아야 할* 행동들 을 그 회사에서 그대로 따라하고 있구나 하는 답답한 심정으로.

전화 성공 횟수처럼 영업 실적을 기준으로 재정적 보상을 마련하 는 것은 바람직하지 않다. 그렇게 하면 직원들은 당신의 행동을 더 많은 돈을 벌기 위한 행위로밖에 보지 않는다. 사람들은 돈만 원하 는 게 아니라 자기가 소중한 존재로 받아들여지기를 바란다. 우리 가 리더 여러분들에게 전하고 싶은 말이 바로 이거다. 당신이 생각 하는 리더십에서 깨고 나와라. 그리고 장기적 재정 안정성 구축이 뭘 의미하는지 다르게 생각해 보라. 먼 장래를 바라보기 위해서는 즉각적인 이익을 만들어 내겠다는 단기 전략에서 벗어나 더 큰 그 림을 봐야 한다. 당신이 직원들의 적극적이고 자발적인 참여를 성 공적으로 이끌어 낼 수 있을 때에만 장기적 성공과 생존이 가능하 다는 현실을 직시하길 바란다.

의미를 더하라

보상 및 표창 수여 프로그램에 어떻게든 의미와 목적을 담는 게 얼마나 중요한지는 아무리 강조해도 지나치지 않는다. 직장 상사나 경영진이 수여하는 포상도 좋지만 이보다 더 좋은 게 있다. 동료들에게서 받는 인정이다. 그저 일을 잘했을 때마다 동료들이 전하는 가벼운 고마움의 표시를 말하는 게 아니다. 우리가 제2장에서 언급했던, 베릴헬스의 PRIDE 프로그램처럼 당신도 그런 식의 포상 프로그램을 제도화해야 한다. PRIDE 프로그램의 핵심은 직원들에게 서로를 아주 확실하고 공개적으로 평가할 수 있는 기회를 준다는 점이다. 이 프로그램의 운영 방식은 이렇다. 베릴헬스 직원들은 회사의 다섯 가지 가치를 실행하며 산다고 생각하는 동료들을 내부 전산망을 통해 추천한다. 방법도 간단하다. 자기가 추천한 사람이 어떻게 조직의 가치를 실행했는지 사례를 들어 설명하고 그 사람의 이름을 입력시키면 끝이다. 그러면 분기별 회의 때 (이 회의는 누구나 자유롭게 자기 의견을 말하고 상대 의견에 찬성이나 반대할 수 있는 타운홀 미팅^{townhall meeting} 분위기다.) 다섯 가지 가치별로 한 사람씩 선정한다. 그리고 거기서 뽑힌 사람은 250달러의 상금도 받는다.

여러분 중에는 '아, 그건 돈으로 상금을 주는 거네.'라고 생각하는 사람도 있을 것이다. 맞다. 하지만 그냥 주지는 않는다. 선정하기 전에 상금을 받으면 어떻게 사용할지를 적어 내도록 한다. 수상자가 차 연료나 월세 같은 것 말고 뭔가 특별한 곳에 상금을 쓰기를 바라는 마음에서이다. 어쨌든 수상자는 나중에 상금을 어떻게 사용했는지 사진을 찍어 와야 한다. 예를 들어, 새로 산 야외 캠핑용 그

릴이나 식탁 세트 등을 사진으로 찍어 사내 전송망에 올리면 다른 사람들도 함께 축하와 재미를 나눌 수 있다.

PRIDE 같은 프로그램은 직원들에게 다른 부서의 공로를 인정하는 권한을 부여하는 방법도 될 수 있다. 솔직히 말해서 대부분의 조직은 내부의 벽으로 나뉘어져 있다. 실제 벽도 있지만 부서별 장벽도 존재한다는 말이다. 대형 병원만 해도 고객경험에 영향을 끼치는 30여 개의 다른 부서들이 있다. 하지만 대부분의 부서들은 다른 부서들이 환자경험에 어떻게 긍정적인 영향을 끼치는지 알지 못하는 실정이다. 시카고 홀리크로스병원의 최고경영자 웨인 러너는 다음과 같이 말한다.

의료계에서는 외부와 담을 쌓은 채 학생들을 교육시킵니다. 그러고 나서 졸업한 사람들을 다 같이 환자를 돌보는 환경에 모두 투입시키고는 함께 일하라고 합니다. 일관된 정책이 필요한 이유가 바로 이 때문이죠.

이렇게 직원들로 하여금 조직의 다른 '칸막이' 안에 어떤 활동이 벌어지고 있는지 인지하고 관심을 갖도록 격려하는 프로그램을 사용하면 조직문화를 양성하고 환자경험을 향상시키는 일에 최선을 다할 수 있다.

예를 들어, 브릿의 병원에서는 트래블링 트로피Traveling Trophy라는 프로그램을 실행하고 있다. 각 부서에서는 모범적인 행동을 보여 준 다른 부서 직원을 추천한다. 이 상을 받은 사람은 자기 부서에 트로

피를 진열하게 된다. 종종 수상자가 속한 팀의 팀원들이 너무 기쁘고 자랑스러워서 감정을 조절하지 못하는 경우도 있다. 보통은 행사에서 리더십팀이 보는 가운데 수상자를 발표하고 수상자는 간단하게 소감을 발표한다. 그런데 너무 흥분해서 자기가 마이크를 직접 뺏어 들고 침을 튀겨 가며 수상 소감을 말하는 수상자들도 있다. 브릿은 사람들을 인정하고 시상하는 권한을 부서장들에게 맡기는 방식을 사용했다. 이를 통해 놀라운 환자경험을 창출해 내기 위해 애쓰는 각 부서들의 업무와 행동의 중요성을 인정하고 강조해 준 것이다.

프레스비 병원에서는 서비스 지원 마당Support Service Fair을 분기별로 개최하면서 이 원칙을 강화해 나가고 있다. 이 행사는 보안, 품질 관리, 시설관리 등 환자와 직접 대면하는 기회가 적고 눈에 잘 띄지 않는 부서들에게 그들이 다른 부서 동료들을 위해 어떤 일을 하고 있는지 설명할 수 있는 기회를 주자는 취지에서 시작했다. 이 직원들도 그간 소외되었던 자기들의 공로를 알리는 길을 마련했다는 데 의의가 있다.

자기 마을이나 다른 지역 등 조직 외부적으로 인정을 받게 되는 경우 열정적인 지지를 보내면 금상첨화이다. 예를 들어, '100인의 우수 간호사100 Great Nurses'는 매년 우수한 간호사들을 선정해 무대 위에서 상을 수여하며 갈라 축하행사를 펼치는 프로그램으로 권위를 자랑한다. 브릿의 병원에서는 늘 이 행사에 가능한 한 많은 사람이 참석하도록 한다. 그리고 자기 병원에서 뽑힌 간호사가 무대 위로 걸어갈 때면 나팔과 종을 울려대고 박수를 치는 등 최대한 응원을 보내 준다. 사람들로 꽉 들어찬 강당에서 자신을 향한 동료들의 환호를 들으며 상을 받는 사람의 기분이 얼마나 좋을지 상상이 가는가? 와우!

브릿의 병원 직원들은 의사의 노고 또한 인정해 주고자 노력한다. 물론 매일 환자들에게 고맙다는 소릴 듣고, 병원 직원들이 모두 도와주는데 뭘 또 얼마나 해 줘야 하냐고 생각하는 사람들이 있다는 것도 안다. 그런데 그게 문제가 되기도 한다. 제6장에서도 언급했지만 의사들은 주위에서 일하는 동료들, 즉 간호사, 청소부, 직원들 같이 자신을 지원해야 할 책임이 있는 사람들과 갈등을 겪기 일쑤다. 따라서 이런 사람들이 노력을 인정해 줄 때 그 상이 얼마나 강력한 힘을 발휘하게 될지 생각해 보라. 그래서 프레스비에서는 분기마다 올스타 축하 연회를 열어 병원 직원들이 특출한 근무 태도를 보인다고 추천한 의사 두 명에게 상을 수여한다. 재미있는 사실은, 상을 받는 의사들이 늘 자기 배우자와 사무실 직원들과 함께 이 오찬 행사에 참석한다는 점이다. 병원의 동료 직원들이 주는 것이나 다름없는 이 상에 담긴 의미로 볼 때 자기가 사랑하는 사람이나 동료들과 함께 영광을 누리고 싶은 마음이 자연스레 들 수밖에 없다. 이런 인정과 존중의 문화에 담긴 힘이 느껴지는가? 상을 받은 의사가 다른 동료들과의 관계와 전체 조직과의 관계를 어떻게 받아들일지 감이 오는가?

직위를 막론하고 의료계에 종사하는 사람이라면 누구에게나 이 원칙이 적용된다. 즉, 당신이 인정 및 포상 프로그램 대상자를 선정할 때 전체적인 그림 속에서 생각해야만 한다는 뜻이기도 하다. 예를 들어, 베릴헬스에서는 일선에서 일하는 서비스 상담원, 즉 환자 경험 대변인들의 노력을 치하해야 했다. 이들은 조직의 성공에 없어선 안 될 중요한 사람들이다. 그래서 폴은 조직도의 위아래를 거꾸로 뒤집어서, 이들의 이름이 맨 위에 가고 자기 이름이 맨 아래로 가도록 만들어 걸어 놓았다. 이 사람들이 하는 일을 지원하는 게 자신의 일이라고 파악했기 때문이다. 직원들의 노력에 대한 인정과 감사의 마음이 조직의 일상에 녹아든 경우라 할 수 있다.

그러나 베릴헬스에도 문제가 있었다. 중간에 있는, 즉 지원 인력이나 인사팀, 영업팀 등에서 일하는 사람들이 자기들은 도외시된다고 생각하기 시작했다. 이 직원들이 주로 하는 일은 메일을 보내거나 숫자를 맞추는 일이지만 그렇다고 자기 일이 인정받지 못한다고 생각하면 의욕을 잃을 게 뻔했다. 그래서 PRIDE 프로그램을 사용해 현장 사람들을 지원하는 지원 인력들의 노력을 인정해 주는 프로그램을 만들도록 했다. 폴과 직원들 모두가 만족했다. 당신의 애정을 조직 내에 어떻게 하면 골고루 잘 나눠 줄 수 있을지를 고민해야 한다.

중요한 점은 이것이다. 조직의 모든 사람들에게 의미를 부여할 수 있는, 뜻깊은 포상 제도를 개발해야 한다. 메일을 자주 보낸다는 이유만으로 그냥 트로피를 수여하겠다는 말은 결코 아니다. 아픈 동료를 위한 바자회를 연다거나 복도에 떨어진 휴지를 그냥 지나치지 않는 등 직원들이 추가적인 노력을 기울일 경우 흘려보내지 말라는 뜻이다.

창의성을 발휘하라

물론, 당신이 포상 제도를 확대하는 노력을 아무리 해도, 자신이 제대로 인정받지 못하고 있다고 느끼는 사람은 반드시 나타나기 마련이다. 누구나 그런 사람이 될 수 있다. 요컨대 리더의 노력을 간과하기 쉽다는 말이다. 특히 새로운 무언가를 시도하려 한다면.

자, 당신이 이런 곤경에 처해 있거나 이렇게 느끼는 직원이 당신을 찾아온다면, 숨을 한번 크게 쉬고 잠시 휴식의 시간을 가져라. 해결책은 당신 바로 앞에 있다. 자기가 아닌 다른 사람의 노고를 인정해 주는 아량을 베풀면 된다. 그렇다, 다른 사람들이 기울인 노력을 인정함으로써 행복 나누기를 실천하면 어느 순간 가슴속의 응어리가 감쪽같이 사라진다. 당신의 관리자들을 상담할 때도 똑같이 하면 된다. 관리자들이 스스로 인정받지 못한다고 느끼는가? 그렇다면 그 팀에서 어떤 팀원들이 가장 잘하고 있는지 알아내어 그들의 노력을 인정해 주는 방법을 찾아내라. 이러면 당신 자신도 단기적으로 기분이 좋아질 뿐만 아니라 희한한 일이지만 장기적으로도 여러 사람을 거치고 거쳐 결국 당신에게 그 인정이 돌아오게 된다.

생각해 봐야 할 점이 또 하나 있다. 제5장에서 논의했듯이, 사람들은 자기가 좋아서 한 일을 조직 외부에서 인정해 줄 때 열렬하게 반응한다. 예를 들어, 어느 병원의 임원이 내게 자기 병원에서는 직원들에게 일주일간 유급휴가를 줘서 지역사회에 봉사할 수 있도록 하는 프로그램을 실시한다고 말한 적이 있다. 일주일 후 직장에 복귀한 직원은 동료들에게 자기가 직장을 벗어나 성취했던 일에 대해 발표한다. 지역사회에 봉사한다는 기쁨과 더불어 자기가 한 일을 응원하는 동료들의 웃음과 환호까지 받는다면 그 직원은 얼마나 강렬한 영향을 받겠는가!

직장 밖의 일에 대해서도 열정을 지닌 사람들을 인정해 주는 일은 조직의 몰입도를 높일 수 있는 훌륭한 방법이다. 어느 병원의 임원은 내게 병원 복도에 걸어 놓은 사진에 대해서 말해 주었다. 그녀의 병원에는 복도에 전 직원의 사진을 가로 20센티미터, 세로 25센티미터 정도 크기로 만들어 걸어 놓는다고 한다. 그런데 일반적인 얼굴 사진이 아니라 직원이 자기가 원하는 사진을 선택하게 했다. 자신이 좋아하는 모습을 가장 잘 나타내는 사진을 걸도록 한 것이다. 그래서 그 병원 복도를 걷다 보면 사교댄스를 추는 사람, 마라톤을 완주한 사람 또는 요리 대회에서 상을 받은 사람들의 모습을 사진에서 볼 수 있다.

플라노 메디컬센터Medical Center of Plano에서도 20여 년 동안 병원을 거쳐 간 역대 원장들의 사진을 걸어 놓으며 이와 유사한 방법을 사용했다. 정장 차림의 진지하고 엄숙한 얼굴 사진 대신 피아노를 치거나 낚싯대를 들어 올리는 원장이나 카우보이모자를 눌러쓴 원장의 사진을 볼 수 있다. (브릿 같았으면 아마도 사륜구동 지프차를 타고 진흙 구덩이를 달리는 모습을, 폴은 상대방 테니스코트에 서브 에이스를 꽂아 넣는 모습을 찍었을 것이다.) 동료들에게 자신의 참모습을 보여 준다는 것, 서로의 열정과 업적에 감탄을 보내고 연관성을 느끼는 것은 얼마나 멋진 일인가. 평범하고 따분한 이달의 우수 직원 사진과 비교해 보면 확실히 이해가 될 것이다. 물론 이달의 우수 직원 상도 직원의 노력을 인정하는 좋은 방법이긴 하지만 격려와 용기를 준다는 느낌은 그리 들지 않는다. 한 발 더 앞으로! 다른 사람을 인정하고 포상하는 일에 재미를 더하라.

원을 완성하라

지금까지 내부적으로 팀원들을 인정하고 포상하는 제도를 실시함에 있어서 해야 할 일과 하지 말아야 할 일에 대해서 알아봤다면, 이제는 외부에서, 특히 당신을 둘러싼 공동체사회에서 인정을 받을 때 얼마나 큰 힘을 얻는지 살펴보도록 하자. 지역사회의 사람들에게서 받는 인정은 진정한 가치를 부여하고 관련된 사람들 모두에게 대단한 자부심을 선사한다. 당신이 가게에서 우연히 친구나 이웃을 만났다고 가정해 보자. 그 사람이 당신에게 요즘 어떻게 지내냐고 묻는다. 당신은 베릴헬스 또는 메디컬시티, 아니면 텍사스 프레스비 병원에서 일한다고 대답한다. 그 말을 들은 친구나 이웃이 이렇게 말한다. '아, 나도 거기 이름을 들어봤어. 일하기에 아주 좋은 곳이라던데. 부럽네!' 그런 반응을 보면 기분이 어떨지는 설명이 필요 없다. 그냥 기분 최고다.

그러니 당신의 직원들이 성취하고 달성한 일들을 외부에 퍼뜨리지 않을 이유가 없지 않을까? 동료들과 이런 이야기들을 공유할 방법을 찾는 일은 조직 내 모든 사람들의 자부심을 높이는 계기가 된다. 베릴헬스가 매달 직원 토론회를 개최하면서 논의하는 안건 중 하나가 쿠도스Kudos, 즉 명성 또는 칭찬이다. 사람들은 토론회에서 회사 내에서 벌어진 선행에 대해서 알게 된다. 그에 못지않게 중요한 안건은 고객들이 회사를 칭찬하는 얘기 또는 지역사회에 퍼진 회사의 브랜드 이미지에 대해 직원들이 얘기할 수 있는 시간을 갖는 것이다.

다른 회사 직원이었던 사람이 베릴헬스에 대한 칭찬을 듣고 결국 베릴헬스에 입사했단 얘기를 듣는 것만큼 가슴 설레는 순간은 없다. 킨코Kinko 직원이 배달 중이던 UPS 직원과 이야기를 하다가 좀 더 나은 직장을 찾고 싶다는 얘기를 하게 됐고 그 UPS 직원은 베릴헬스에 대해서 말해 주었다. 그리고 몇 주 후에 킨코 직원은 베릴헬스의 직원이 되었다. 우리는 버라이즌Verizon 상점에서 일하는 사람에게서 훌륭한 서비스를 제공받았고 즉석에서 그 사람을 채용했다. 어떤 사람은 어머니가 병원에서 일하는데 한 환자로부터 베릴헬스가 일하기 좋은 곳이라는 말을 듣고 아들에게 추천해 우리 회사에 입사한 일도 있다. 이런 이야기를 들으면 기분이 짜릿해진다. 이런 이야기들은 우리가 함께 노력하는 일에 대한 자부심을 심어 주고 최고의 직장을 만들어 가는 데 힘을 준다.

자, 다음 장에서는 적극적이고 자발적으로 참여하는 인력을 구축하고 진정으로 특별한 직장을 만들기 위한 교육훈련의 중요한 역할에 대해 알아보기로 한다.

CHAPTER

평생교육에 힘쓰기

　누구나 고민해 봤을 만한 흥미로운 질문을 하나 던져 보겠다. 보다 나은 역할 수행을 위해 치위생사와 병원 간부 중 어느 쪽이 더 끊임없는 훈련과 개발이 필요할까? 조금만 생각해 봐도 치위생사라는 답이 나온다. 간호사나 간병인처럼 치위생사는 지속적인 교육을 위해 해마다 일정 시간을 투자해야 한다. 환자를 돌보는 사람이라면 활용 가능한 최신 기술을 배우고 습득하는 게 당연한 일이라는 생각이 든다. 반면에 병원 간부가 경영이나 대화술에 관한 새로운 기술을 습득해야 한다는 의무 조항은 어디에도 찾아볼 수 없다. 이상하지 않은가? 관리자들 역시 쉬지 않고 기술을 개발하고 발전해 나가야 하지 않을까? 우리는 당연히 그래야 한다고 생각한다.

　부인이 치위생사인 브릿은 누구보다 이 말에 공감한다. 그는 정규직으로 일하면서 박사과정을 밟음과 동시에 미국의료경영자협회에서도 활동하는 등 배움을 이어 가기 위해 노력했다. 즉 브릿은 자의든 타의든 꾸준한 학습의 중요성을 알고 있었으며 지금까지도 배움을 게을리하지 않고 있다.

폴 역시 배움의 끈을 놓지 않으려고 항상 노력했다. 그는 로스쿨을 졸업했지만 검사나 변호사가 되기보다는 형제들과 함께 직접 회사를 운영하고 싶었다. 그렇지만 CEO 수업을 받을 수 있는 학교가 따로 있는 건 아니었다. 그래서 폴은 우리 시대의 위대한 경영자들이 쓴 책을 읽으며 스스로 배움의 길을 개척해 나갔다. 그뿐만 아니라 학습 속도를 향상시키기 위해서 그 경영 리더들 중 일부를 자신의 멘토로 삼았다는 점도 주목할 만하다. 이 부분은 나중에 자세히 다루기로 하겠다.

이 외에도 배움과 지혜를 갈구하며 평생을 보내는 경영자들을 종종 찾아볼 수 있다. 하지만 의료계에서는 리더십 교육이나 훈련이 아직까지 미흡한 실정이다. 이에 대해 장로 헬스케어서비스 최고경영자인 짐 힌튼은 이렇게 생각한다.

> 지금껏 의료계는 '이봐, 우린 우리만의 방식이 있다고.'라고 자만하며 훈련을 꺼려 왔다는 생각이 듭니다. 존스 홉킨스 출신 의사, 시카고대학 출신 간호사, 시더스—시나이 Cedars—Sinai 의료센터 출신 물리치료사 등 각각 최고 학벌의 인재들을 한데 모아 놓으면 환자에게 최상의 치료를 제공할 수 있을 거라 생각을 하죠. 글쎄, 그렇지 않습니다. 왜냐하면 각자가 다른 곳에서 교육을 받았기 때문입니다.
>
> 경영에 있어서도 마찬가지죠. 우리는 주로 각자의 경영 스타일을 존중하는 편입니다. 그래야만 병원이 커 나갈 수 있는 기회가 생기기 때

문입니다.

리더라면 다양한 형태의 교육과 경험을 쌓으면서 거듭나고 성장해 가야만 합니다. 의사나 간병인들이 최신 정보를 얻고 병원에 필요한 신기술 및 사고를 계속 받아들여야 하듯이, 조직을 이끄는 임원이나 관리자들도 당연히 이런 태도를 취해야 하지 않을까요?

틀에서 벗어나 자유롭게

누구나, 강요에 의해서든 아니든, 다시 학교를 다니거나 적어도 새로운 아이디어와 기술을 배울 수 있는 환경에 자신을 노출시켜야 한다. 너 나 할 것 없이 평생학습자가 되려고 노력하지 않으면 안 된다. 불가능하다고 생각하는 사람도 있을지 모르겠지만 우리는 학습을 자기 발전의 도약대로 삼아야 한다. 스티브 잡스가 대학 시절 청강했던 캘리그래피calligraphy 수업이 오늘날 애플의 성공에 끼친 영향에 대한 이야기를 떠올려 보라. 수업을 받고 독특한 글자체에 몰두하게 된 그는 소프트웨어에도 다양하면서 아름다운 글꼴을 갖춰야 한다고 강조했으며, 그것은 곧 마이크로소프트사를 비롯한 경쟁사들과의 경쟁에서 애플이 앞서 나갈 수 있었던 중요한 이유가 되기도 했다.

'이 내용이 대체 병원 종사자와 무슨 관계가 있다는 거야?'라고 반문할지도 모르겠다. 하지만 전적으로 관련이 있다. 리더라면 본인뿐만 아니라 같이 일하는 직원들까지도 평생교육에 매진하도록 북돋아야 한다. 이를 통해 직원들은 세상을 바라보는 시야가 넓어질 뿐만 아니라 평소 이루고 싶었던 꿈을 찾는 계기를 마련한다.

프레스비 병원의 리더십팀이 겉보기엔 생뚱맞아 보이지만 그림 강좌나 교향악 지휘 수업에 참석하는 이유도 이런 수업이 사람들에게 스스로 고정관념을 깨고 영감을 얻을 수 있는 기회를 제공하기 때문이다. 베릴헬스는 폴의 주도 아래 토요일 아침마다 임원들이 직원들에게 이력서 작성이나 면접 요령, 성공을 부르는 옷차림 등 전문성 신장 교육을 실시한다. 이 가운데 많은 수가 연봉이 3만 달러 정도인 싱글맘들인데 자기 개발을 위해 시간을 쪼개어 열심히 수강하는 모습이 놀라울 따름이다. 그동안 제대로 배운 적은 없지만 배우고 싶은 마음이 가득하기 때문에 이들은 아침 일곱 시라는 시간적인 제약에도 불구하고 수업에 성실히 임한다. 전문가로 성장하고 싶다는 자긍심으로 가득한 이들은 열정을 다해 앞으로 나아갈 준비가 되어 있다.

'잠깐만, 새로운 기술을 배운 후에 다른 곳으로 가면 어떡하라고 직원들에게 기술을 가르치나요?'라고 되묻는 사람은 아직도 이해가 부족한 사람이다. 우리는 지금 직원들의 적극적이고 자발적인 참여를 최대한으로 끌어올리는 방법을 논하고 있다. 사회 전반이 변화를 겪으면서 한 일터에서 일생을 보내야 한다는 평생직장의 개념은 구시대의 유물이 된 지 오래다. 현대인이라면 누구나 성장하고 앞으로 나아가는 기회를 찾는다. 이런 바람을 구태여 막아야만 할까? 그럴 바엔 차라리 이직을 원하는 직원에게 용기를 불러일으키는 중요한 역할을 함으로써 회사가 자기 삶을 개선해 줬다는 생각을 각인시키는 편이 낫다. 계속 이 회사에 머물러 있지 않고 다른 곳으로 가도 우리는 직원들의 성공을 기대하고 있다는 메시지를 전할 수 있다. 직원들이 직장을 떠날까봐 노심초사하느니 과감히 직원 교육에 투자하면 오히려 이직률이 떨어진다. 조직의 노력에 직원들이 고마움을 느끼기 때문이다. 궁극적으로는, 고마움을 느낀 많은 직원들이 다른 직장으로 옮기지 않고 남게 되는 것이다.

한편 지금 회사가 자신과 맞지 않다고 느끼는 직원들에게는, 우리가 교육을 통해 그들에게 더 나은 미래를 찾을 수 있는 도구를 제공하는 셈이다. 그뿐만 아니라 우리는 그 직원들이, 마치 벌이 꽃을 옮겨 다니며 수분을 돕듯이, 우리 조직에서 일하며 배웠던 것들을 다른 조직에게도 퍼뜨리는 역할을 해 주길 바란다. 이게 바로 진정한 윈윈전략이라는 것이다.

함께 어울리는 학습 과정

혼자 공부하기는 여간 힘든 게 아니다. 특히 손 놓은 지 오래된 경우라면 간만에 운동하면서 그동안 안 쓰던 근육을 갑자기 쓸 때와 같은 고통이 기다리고 있다. 또한 학습 효과를 높이기 위해서는 훈련 자체가 흥미롭고 재미있어야 한다. 뭔가 지루하고 정체됐다고 느끼는 순간부터 제자리걸음을 면치 못한다. 이런 맥락에서, 동료들 간에 끈끈한 동지애가 조성되고 화기애애한 분위기가 흐르는 회사에서 실시하는 교육의 내용이나 과정은 풍요로워질 수밖에 없다. 세인트조셉 호스피탈 오브 오렌지의 최고경영자 스티브 모로는 팀워크를 이끌어 내는 방법에 대해 이렇게 설명한다.

우리 병원은 일명 '승무원 훈련'을 실시합니다. 항공사에서 하는 훈련을 보고 배운 거죠. 조종사와 승무원 간의 수직적 위계질서와 조종실 내의 대화 부족으로 인해 끔찍한 항공사고가 많이 일어났답니다. 병원 수술실이나 치료실에서도 상황은 비슷해요. 그래서 우리 역시 승무원 훈련이 절실히 필요함을 느꼈고, 저부터 이 훈련 과정에 참여하게 되었죠. 이 병원에 소속된 의사나 간호사라면 한 사람도 빠짐없이 승무원 훈련 전 과정을 통과해야만 합니다.

의사들에게 간호사들과 한 공간에서 같이 교육을 받아 본 경험이 있는지 물어보면 십중팔구 그런 적이 없다고 말하죠. 마찬가지로, 간호사들에게서도 의사들과 같은 강의실에서 함께 배운 적이 없다는 대답이 돌아옵니다. 의사와 간호사가 서로 동떨어져 있는 겁니다. 따라서 이 훈련이야말로 곁에 있는 사람들과 소통하는 일이 얼마나 중요한지를 일깨우는 특별한 기회인 거죠. 간호사들은 의사가 어려움에 처하지 않도록 도와주기 위해 있는 겁니다. 그리고 환자가 어려움에 빠지지 않도록 도와주기 위해 있는 겁니다. 의사는 간호사를 포함한 팀 전체가 자기를 충분히 도와줄 수 있다고 믿어야 합니다. 팀을 존중하고 간호사를 그 팀의 구성원으로 참여시켜야만 하죠. 이렇게 하려면, 간호사들을 인정해야 합니다. 눈을 맞추고 의사소통해야 합니다. 우리 모두가 같은 목적을 위해 이곳에 있다는 사실을 중간중간 확인해야 합니다.

오래전부터 의사와 간호사 사이에 장애물이 존재한다는 사실을 고려한다면, 교육 및 개발 프로그램을 만들 때 직원들이 그 안에서 사회적 요소를 느낄 수 있도록 신경 써야 한다. 예를 들어, 브릿은 메디컬시티에서 교육과정을 만들면서 메디컬시티 댈러스대학^{Medical} City Dallas University이라고 이름 붙였다. 그리고 당연히 자신을 '총장'으로 임명했다. 프로그램에 재미라는 요소를 첨가하기 위해서였다. 다른 책임자들은 '학장', 회의실은 '대학 강당'이라고 불렀다. 유머러스하게 전체적인 구상을 잡아 직원들의 호응을 유도하려고 했다. 모든 과정의 핵심은 직원들이 즐겁게 배울 수 있는 분위기를 만들어 내는 것이었다.

브릿은 매달 다른 강사를 초빙해서 여러 흥미로운 주제를 선보였다. '봄방학' 기간에 '강의'를 받을 수도 있는데, 이를테면 여행을 간다거나 배를 빌려 호수 한가운데에서 수업을 한 적도 있고 골프 수업에서 배운 내용을 나누기도 했다. 때로 안락하고 익숙한 장소에서 벗어나 휴대폰과 호출기도 없는 환경에 들어서면 진정으로 배움 그 자체에 몰입하게 되어 수업 분위기가 훨씬 진지해진다. 재미와 교육이라는 두 마리 토끼를 한번에 잡는 이상적인 방법이라 할 수 있다.

이와 유사하게, 폴도 베릴헬스에 리더십 계기판^{Dashboard of Leadership}이라는 직무향상훈련 프로그램을 가동시켰다. 지금까지 열한 차례나 진행된 이 프로그램은 베릴헬스 전 지점에서 모인 행운아들이 매주 수요일마다 네 시간씩 각종 훈련을 받으며 진행된다. 동료들에게 추천을 받아야만 이 프로그램에 등록할 수 있기 때문에 참가했다는 사실만으로도 영광스럽게 여기는 직원들이 많다. 직원들이 베릴헬스 재직 기간 중 가장 좋았던 경험으로 손꼽는 이 프로그램은 회사가 직원들을 인정한다는 포상 역할을 똑똑히 하고 있다. 또한 폴을 포함한 임원들이 강사로 나서기 때문에 리더들이 회사의 뛰어난 실무자들과 여러 면에서 직접 교류할 수 있는 계기를 제공한다.

폴 자신도 이 프로그램을 통해 많은 걸 배우고 있다. 그는 조직의 핵심 가치에 대한 강의 시간에 참가 인원을 세 명씩 네 그룹으로 나누었다. 각 그룹에게 종이와 이젤을 주며 45분 동안 현재 회사의 상태를 요트나 유람선, 잠수함 등 바다를 항해하는 배로 표현해 보라고 주문했다. 각자의 그림에서 중요한 부분은 직원들이 선택한 배의 모양보다도 배가 항해 중인 바다의 상태다. 홀로 평온하게 항해한다거나 아니면 빙산을 앞에 두고 있는 위험스런 분위기의 그림들을 보며 폴은 직원들이 회사의 상황을 어떻게 느끼는지를 가늠할 수 있다.

흥미로운 사실은 폴이 이 훈련을 시작할 즈음 베릴헬스는 힘든 시기를 겪고 있었는데, 그때 참가자들의 그림에도 그 상황이 여실히 드러나 있었다는 것이다. 하늘은 온통 시커멓고 파도가 거셌으며 사람들이 배에서 뛰어내리는 그림이 상당수를 차지했다. 상어로 표현된 경쟁자들은 배 주위를 맴돌며 위협하기도 했다. 놀랄 만큼 창의적인 그림들이었다. 폴은 리더십 계기판 과정을 거치며 매해 하나씩 모은 총 열한 개의 그림을 보면서 이제까지 베릴헬스가 걸어온 길을 되돌아본다. 이 그림들은 참가자들에게 굉장한 사회적 활동 기회가 될 뿐만 아니라, 폴에게는 해마다 사용하는 귀중한 훈련 도구로 자리매김해 왔다. 다행스럽게도 요사이 그림에는 파란 하늘이 대부분이고 배를 탈출하는 사람도 보이지 않는다.

뉴욕 장로병원장 밥 켈리는 사람들을 교육과정에 참여시킬 수 있는 다른 방법을 생각해 냈다.

우리는 여러 프로그램을 기획했습니다. 그중 하나가 차기 리더 양성 Building Tomorrow's Leaders 과정으로서, 우수한 직원 서른 명을 뽑아 18개월에 걸쳐 훈련을 시키는 프로그램입니다. 수업은 한 달에 두 번 있는데, 참가자들은 팀별로 프로젝트를 수행하거나 여러 가지 일들을 하죠. 저는 상급 관리자들에게 이 과정에 참여할 서른 명의 우수 직원을, 각자가 원하는 사람 누구라도 추천해 달라고 분명하게 부탁했습니다. 만약 아무도 추천하지 않는다 해도 상관은 없습니다. 하지만 그래 놓고 나중에 내게 와서 아무개가 일을 잘하니까 월급을 왕창 올려 줘야 한다는 말은 하지 말아야겠죠.

밥이 하고자 하는 말은 그 아무개가 '최고라면' 월급만 올려 주는 게 아니라 그 직원이 더 발전하게끔 도와서 그의 재능을 활용하자는 뜻이다. 높은 임금을 받을 사람을 추천하기보다는 훌륭한 리더가 될 재목을 추천하라는 의도다. 다시 말해 꾸준히 배우고 성장하려고 노력하는 사람에게 보상을 하는 직장문화를 만들자는 의미가 내포되어 있다.

교육 참여를 이끌어 내는 또 다른 좋은 방법은 사내 독서모임을 장려하는 것이다. 조직의 특성에 따라 구성이나 규모, 과제 부여, 토론 방법 등을 다양하게 정할 수 있다. 예를 들어, 베릴헬스에서는 리더들의 모임과 부서에 관계없이 누구나 참여할 수 있는 모임을 동시에 운영한다. 반면에 브릿은 프레스비에서 열다섯 명씩으로 이뤄진 독서모임을 일곱 개 운영한다. 서로 방식은 다르지만 두 사람 모두, 스펜서 존슨Dr. Spencer Johnson의 《누가 내 치즈를 옮겼을까?》Who Moved

My Cheese?》*나 하키 광팬인 브릿이 개인적으로 아주 좋아하는, 켄 블랜차드Ken Blanchard의 《하이파이브!High Five!》**, 혹은 《왜 모든 사람들이 웃고 있나요?》***(짐작했겠지만 이 책의 저자인 폴 슈피겔만이 쓴 책이다.) 등 어떤 책이든 좋은 책을 읽자는 취지에서 시작되었다.

독서모임에 있어서 책 내용이 중요한 부분을 차지하기는 하지만, 진정한 가치는 동료들끼리 토론과 대화하는 과정에서 종종 발견된다. 실제로 브릿이 과제에 대해 의논하려고 독서모임 회원들을 사무실에 초대했다가 느낀 점인데, 자기가 주도할 때보다 회원들 간에 서로 공방이 오가면서부터 더 큰 교육적 효과가 발생했다. 그 과정에서 혹시라도 의견을 내놓기 주저하는 사람이 보이면 이름을 불러 말할 기회를 주는 요령도 필요하다. 일단 자기도 해야 할 말이나 의견을 표현할 수 있다는 점을 느끼기 시작하면 사람들은 책의 주제를 보다 설득력 있게 전달하기 위해 서로 자신의 실제 경험담을 섞어 가며 이야기를 쏟아 내기 때문이다. 다양한 부서 사람들로 구성된 모임은 사내 각기 다른 분야 간의 의견 교류가 활발하게 이루어지는 효과를 만들어 낸다. 브릿은 참석한 모든 사람들로 하여금 각 책에다가 사인을 하게 하여 함께했던 동료와의 소중한 추억을 오래 간직하게 만드는 아이디어로 호응을 얻었다.

폴이 꾸린 독서모임에는 베릴헬스 직원 70여 명이 가입했으며

---

* 이명진 옮김, 진명출판사, 2012.
** 조천제 외 옮김, 21세기북스, 2002.
*** 국내 미 출간.

책 한 권을 마치는 데 두 달 정도가 걸린다. 책 읽기가 끝난 직원에게 세 가지 질문을 하여 그 대답을 바탕으로 다음 직원 토론회를 진행한다. 하지만 문제는, 책을 읽지 않은 직원은 토론회에 참석할 수 없다는 것이다. 그렇다면 어떤 사람이 책을 읽지 않을지 감이 오지 않나? 바로 토론회에 참석하고 싶지 않은 직원들이다. 이 사람들이 가장 직장에 대한 소속감이 적다는 사실은 너무나도 당연한 이치다. 그렇지만 폴은 대부분의 직원들이 포럼에 참석하는 일을 스스로 기회나 보상이라고 생각한다는 사실을 점차 알게 되었다. 사람이란 원래 읽고 배우는 일을 즐기며, 연습을 통해 생긴 아이디어를 공개하고 변화를 일으키는 데 참여하고 싶어 한다. 책을 읽으면서 생겨난 생각이나 해답들을 서로 끄집어내고 주고받으며 토론회장을 뜨겁게 달아오르게 한다.

독서모임 활동은 구성원들에게 일종의 규율을 부과하는 역할을 하며, 이를 지키려는 노력을 통해 직원 개개인에서 전체 조직에 이르기까지 모두가 승리한다.

멘토 정하기

모든 일을 혼자서 해내기는 어렵지만 주위 선후배, 동료들과 손을 잡으면 전체가 한마음이 되어 강력한 힘을 발휘할 수 있다. 비즈니스 세계에는 고난과 역경이 도사리고 있다. 사람들은 쑥스러워서 용기를 못 내거나 다른 방법만을 고집하느라 사업 선배에게 도움을 청하지 않는 경우가 많다. 개인의 발전을 위한 엄청난 기회를 놓치는 중대한 실수인 셈이다. 이미 성공을 이루었고 그 과정에서 얻은 교훈을 기꺼이 공유하고자 하는 사람들이 있다. 이런 사람들에게 자기 자신을 많이 드러낼수록 우리는 목표에 점점 가까워진다.

문제는 사람들이 좀처럼 남에게 묻지 않는다는 데 있다. 우리도 경험상 뼈저리게 느끼고 있는 부분이다. 우리에게 말을 꺼내면서 '바쁘신 줄 알지만,'이란 단서를 붙인다. 하지만 사실 우리는 다른 사람을 도와주지 못할 정도로 바쁘지는 않다. 다른 많은 사람들도 그렇겠지만 도움이나 조언을 요청받거나 행여 멘토 같은 역할이라도 하게 되면 굉장히 기쁘고 신이 나곤 한다. 물어볼 용기만 있으면 충분하다. 이기적인 생각인지 모르지만, 도움을 요청받으면 기분이 좋아지는데 굳이 이런 황금 같은 기회를 놓칠 수야 없지 않은가? 그리고 멘토 관계를 맺으면 서로가 서로에게 이득을 가져다준다는 사실을 여러 경험에서 깨닫게 되었다. 자기보다 노련한 리더에게 도움을 청하는 대담함만 있다면 깜짝 놀랄 만큼 큰 보상을 거두게 될 것이다.

멘토십Mentorship은 공식적인 방법으로도 그리고 비공식적인 방법으로도 존재한다. 하지만 당신은 조직 내 모든 사람들에게 각자 언제든 서로 멘토 관계를 잘 쌓아야 할 의무가 있다는 점을 주지시켜야 한다. 브릿처럼 당신도 차세대 리더들이 선배 리더십팀과 밀접하게 연결되어 새로운 기술을 연마하는, 형식을 잘 갖춘 시스템을 실시하고 있을지도 모르겠다. 이런 과정은 동지애를 샘솟게 하고 핵심 인재를 육성하는 좋은 방법이다. 누가 훌륭한 팀을 만들어 낸

감독이자 스승인 멘토의 역할을 잘하는지 잘 살펴봐야 한다. 진정한 리더들 주위에는 높은 잠재력을 지닌 매력적이고 재능 있는 사람들이 모여든다. 이런 사람들은 흥미와 자신감을 불어넣어 주기만 하면 에너지와 활기가 넘쳐흐르며 빛을 낸다.

멘토 관계는 비공식적이고 우발적인 경로를 통해서도 쌓을 수 있다. 폴의 회사는 1990년대쯤 한 대형 의료기관과 거래를 한 적이 있다. 그 의료기관의 최고경영자는 처음에 15만 달러로 비즈니스를 시작해서 어느새 가치가 300억 달러가 넘는 대규모 사업으로 성장시킨 장본인이었다. 그와 폴은 서로 계약을 진행시키면서 친분을 쌓았으나 3년 정도 지나면서 관계가 소원해졌다. 그러던 차에 우연히 다시 만나게 된 병원 회장은 예전에 자기 병원 일을 도와줬던 폴의 소규모 사업에 대해 진심으로 걱정하고 관심을 보였다.

그 최고경영자 존(본명은 아니지만 편의상 존이라 부르기로 하겠다.)은 1997년에 병원을 떠났지만 그 후에도 계속 두 사람은 주기적으로 전화나 편지를 하며 인연을 이어 갔다. 2005년에 폴은 고민거리를 안고 존을 찾아갔다. 베릴헬스의 독특한 종업원 중심 기업문화가 책임감 부재라는 위기를 낳았고, 폴은 사내 기강을 바로잡고 싶었다.

폴이 공식적인 자문단을 두고 있지 않다는 점을 알고 있던 존은 다음과 같이 조언했다. "폴, 잘 들어 보게나, 누구보다 자네부터 책임감을 지녀야 하네. 멘토 한 명을 정한 다음 2만 달러를 주면서 자네가 책임을 다할 수 있도록 도와 달라고 부탁해 보게." 폴은 며칠 동안 곰곰이 생각해 보았다. 그리고 궁리 끝에 폴은 "선생님이 제 멘토가 되어 주십시오."라는 메일과 함께 존에게 2만 달러를 보냈다. 존은 폴에게 바로 전화를 걸어 제안을 흔쾌히 받아들였다. 그때부터 둘은 직접 만나거나 전화하면서 매월 90분씩 회사의 목표나 재정에서부터 기회와 장애물에 이르는 아홉 가지 사안에 대해 심도 있는 대화를 나눴다. 폴은 한 해도 빠짐없이 존에게 2만 달러를 지불하였고 (존에게는 그리 필요한 돈은 아니었지만 그렇다고 사양하지는 않았다.) 이렇게 예기치 않게 구축한 멘토십 관계가 폴의 경력과 인생에 엄청난 영향을 미쳤다.

폴은 멘토가 되어 달라고, 도와 달라고 부탁하는 데 주저하지 않았고 결국 확실한 성과를 거두었다. 그런데 이 얘기는 여기서 끝이 아니다. 존에게 2만 달러를 처음 지급하고 1년 후 폴은 댈러스에 있는 베일러대학^{Baylor University}의 MBA 학생들을 대상으로 강의할 기회가 있었다. 그 강의를 들었던 젊은 기업가 학생 두 명이 셀프서비스 요거트 사업을 시작하면서 그에게 전화를 했다. 폴의 사무실로 초대받은 두 사람은 자신들의 사업 계획을 세세히 설명했다. 폴은 성심성의껏 조언해 주었다. 멘토의 중요성을 강조하며 존의 이야기도 덧붙였다. 일주일이 지난 후 폴은 그들에게서 편지 한 통을 받았는데, 그 안에는 2천 달러와 함께 "저희 멘토가 되어 주십시오."라는 메모가 들어 있었다.

그들의 기발함에 감동받은 폴은 이 제안을 영광스럽게 받아들였다. 돈은 받지 않고 흔쾌히 도움을 제공해 주었다. 6개월 뒤, 텍사스크리스천대학^{Texas Christian University} MBA 수업에서 폴의 강의를 들었던 학생이 폴에게 연락을 해 왔다. 자신의 쌍둥이 형과 함께 청소년 교육 기회 확대를 목적으로 한 비영리사업을 시작하고 싶은데 폴을 만나

의논하고 싶다고 했다. 그를 만난 자리에서 폴은 존과 요거트 청년 이야기를 들려주었고, 놀랍게도 그들은 일주일 후에 20달러와 "저희에게도 멘토가 되어 주십시오."라는 편지를 폴에게 보냈다.

다음번 편지에는 분명 2달러가 들어 있을 거란 재미있는 예상을 해 보며, 여기서 중요한 사실은 어느 정도 성공을 이룬 사람들은 자신들의 경험을 나누고 베풀고 싶어 한다는 점이다. 그러니 성공을 꿈꾼다면 지금 당장 멘토로 삼고 싶은 사람들에게 도움을 요청하라. 그런다고 손해 볼 일은 없지 않은가? 자신의 경험담과 약간의 시간만 있으면 된다. 자신의 경험이 다른 사람에게 귀중한 가치를 제공할 수도 있는데 그런 경험을 혼자 꽁꽁 숨겨서는 안 된다. 이것이 바로 '상부상조', 누이 좋고 매부 좋은 일 아닌가. 멘토에게 좋은 점을 배워서 취한 후에는 자신이 멘토가 되어 다른 사람에게 되돌려주어야 한다.

멘토들을 구해 당신을 위해 일하게 만들고 당신도 다른 사람에게 같은 선행을 베풀어라. 그러면 사업도 성공하고 마음도 건강해진다. 이것이 바로 호혜적인 협력 관계, 즉 인간관계의 황금률이다. 이어지는 마지막 장에서는, 황금률을 지키는 일이야말로 직원들의 적극적이고 자발적인 참여를 이끌어 내는 핵심이라는 점을 알게 될 것이다.

CHAPTER **10**

우리를 앞으로 나아가게 하는 숭고한 목표

마지막 장까지 왔다. 대단하다! 여기까지 우리와 함께한 여러분께 상을 드리고 싶다. 여태껏 우리가 논의했던 내용들에 대한 결론, 즉 직원들의 적극적이고 자발적인 참여가 왜 그리도 중요한지 그리고 이 주제가 우리로 하여금 여러분과 이 여행을 떠나는 데 어떻게 영감을 주었는지를 설명하고자 한다.

하지만 먼저 들려줄 짧은 이야기가 있다. 몇 년 전, 폴은 브릿에게 베릴헬스가 후원하는 회의에서 연설을 해 달라고 부탁했다. 만난 지 그리 오래되지는 않았지만 두 사람은 급속히 우정을 쌓아 갔다. 둘 다 직원몰입이라는 공통된 주제에 관심이 많았기 때문이기도 했다. 어쨌든, 당시 회의장에서 있었던 일이다. 임원들로부터 마케팅, 언론 관련 인사들에 이르기까지 모든 사람들이 브릿의 연설을 듣기 위해 자리를 메우고 있었다. 폴이 브릿을 소개하기 위해 연단에 올라섰다. 그런데 소개를 하던 중에 할 말을 잃고 말았다. 원래는, 두 사람이 사고방식이 비슷하다 내지는 서로 마음이 잘 맞는 다는 말을 하려 했는데 막상 "브릿과 저는 천생연분입니다."라고 해 버린 것이다.

단어 선택을 잘못하는 바람에 회의장 여기저기서 폭소와 큰소리 가 터져 나오기도 했지만 다행히 아내와의 문제는 발생하지 않았다. 그런데 그 일이 있고 몇 년이 지나면서 우리 두 사람의 사이가 정말 폴이 말했던 것만큼이나 가까워졌다는 생각이 든다.

결국 의료업계를 변화시키고 싶었던 우리 두 사람은 함께 앉 아서 이 책을 썼다. 물론 의료업계의 변화를 사명으로 여기는 사 람이 우리만은 아니다. 우리 생각에는 직원이 최우선이라고 믿 는 사람들, 우리와 '천생연분'인 사람들이 수천 명은 더 있다. 이 들은 누군가 자신에게 얘기해 주기를 갈구하고, 자신의 경험들을 서로 나누면서 마음이 맞는 사람들과 의기투합할 수 있는 기회를 갈망한다.

현실을 직시하자. 최근 의료업계는 다른 분야에 비해 발전의 속 도와 거리 면에서 뒤지고 있다. 어쩌면 사람의 목숨이 달린 문제를 쉽게 바꾸다가는 심각한 결과를 맞을 수도 있기 때문이다. 우리는 상상하기 힘든 어려움에 직면하고 있으며, 이제는 의료기관을 어떻 게 운영할지에 대해 다시 생각해 봐야 할 시점이다. 여태껏 한 번도 시도해 보지 않았던 방식의 사용을 고려해야 할 때가 왔다.

시카고 홀리크로스병원의 최고경영자 웨인 러너는 아들과 나눴 던 이야기를 우리에게 들려주었다.

제 아들이 열 살 때 이런 말을 하더군요. "아빠, 비즈니스에서 성공하는 법을 알 것 같아요. 골든룰Golden Rule만 따르면 돼요." 그래서 제가 정답이라고 말해 줬습니다. 다른 사람을 인간답게 대우하면 그 사람도 똑같이 우리를 대하죠.

제 아버지는 쉰아홉 살에 돌아가셨습니다. 영세업자나 다름없으셨죠. 회계 사무실을 운영했습니다. 사람들이 찾아왔을 때 아버지가 안 된다고 하시면서 내보낸 적도 있었지만 그래도 그 사람들은 나가면서 아버지와 악수를 나눴습니다. 결국 어떤 가치를 보고 배우며 자라느냐에 달린 겁니다.

금과옥조로 삼아야 할 가르침이 있다. 남에게 대접을 받고자 하는 대로 남을 대접하라는 말이다. 이는 곧 보험료 지불이나 대차대조표, 비용 절감에 전념한다고 해서 의료계의 문제점을 고칠 수는 없다는 뜻이기도 하다. 재정 상태를 문제의 근원으로 삼고 들여다보는 건 핵심을 놓치는 일이다. 우리는 서로를 어떻게 대우해야 하고 그게 우리 비즈니스의 성공에 어떤 영향을 미치는지를 잊어 가고 있다.

그렇기 때문에 우리 업계는 직원몰입도를 향상시키고 핵심 가치를 밀어붙이며 폴과 브릿이 말하는 '숭고한 목표'를 추구하고자 하는 기본으로 돌아갈 필요가 있다. 우리에게 숭고한 목표란 다양한 의미를 지니고 있다. 영적 믿음에서 가족과 친구를 사랑하는 마음 그리고 직장에서 찾아낸 깊은 의미를 지닌 목적에 이르기까지 모든 것이 숭고한 목표가 될 수 있다. 솔직히 말해 보자. 의료업계의 일은 힘들다. 버는 돈에 비해 엄청난 시간을 쏟아야 한다. 그런데도 사람들은 이 일이 하고 싶어 찾아온다. 수입이나 근무시간만으로는 의료계에 발을 들이기로 마음먹는 사람들을 설명할 수 없다. 사람들을 돕는 일이 자기의 개인적인 목표와 부합할 때에만, 환원이라는 보람 있는 일을 통해 자신의 유산 내지 명예를 후대에 남기겠다는 사람들이 이 분야를 선택한다. 세인트조셉 호스피탈 오브 오렌지의 최고경영자 스티브 모로는 의료계에서 일하게 된 동기를 일련의 '신성한 만남sacred encounters'이라고 설명한다.

> 신성한 만남이란, 사람들이 우리와 함께 있으면서 느꼈으면 하고 우리가 바라는 경험을 말합니다. 그러나 그런 경험은 종교 자체로 주고받을 수 있는 게 아닙니다. 사람들과 더 깊은 관계를 형성하기 위한 노력, 우리의 환자들뿐만 아니라 사람들이 서로를 대우하는 면에서도 영향을 주기 위해 기울이는 노력에서 이루어질 수 있는 것이죠.

다른 업계들과 달리, 의료계에서 경력을 쌓은 사람들이 중도에 직종을 변경하는 일이 적은 것도 이 때문이다. 의료인들은 직종을 변경하기보다는 차라리 모든 걸 쏟아붓고 끝을 보는 편이다.

영향력 있는 유산 남기기

에너지 소진이라는 슬픈 현실에도 불구하고 의료인들은 그 이면에 놓인 희망적인 면에 집중한다. 의료계에 종사하는 사람들은 변화를 만들어 내겠다는 사명감을 지니고 자신의 손을 거쳐 건강을 되찾은 사람들의 명단을 유산으로 남기고자 한다. 톰 행크스^{Tom Hanks}와 맷 데이먼^{Matt Damon}이 출연한, 제2차 세계 대전을 배경으로 한 영화 〈라이언 일병 구하기^{Saving Private Ryan}〉를 본 적이 있는가? 아직 못 본 사람은 꼭 보기를 권하며 여기에 줄거리를 늘어놓지는 않겠다. 후회하지 않을 것이다. 영화 말미에 노인이 된 남자가 아내에게 자기가 좋은 사람이었는지 그리고 인생을 잘 살아왔는지 묻는 장면이 영화가 끝난 후에도 계속 생각났다. 몹시 슬픈 장면이기도 했지만 그보다는 그 대사야말로 우리가 여러분께 하고 싶었던 말이었다. 나중에 자신이 가정이나 직장에서 살아온 인생을 돌아보면서 어떤 기분이 들기를 원하는가?

리더로서 우리는 인생을 돌아보며 '그래, 난 함께 일했던 사람들의 삶에 좋은 영향을 끼치기 위해 최선을 다했어.'라는 말을 남기고 싶다. 당신도 그렇지 않은가? 당신이 이 목표를 달성했다는 사실을 안다는 것이 예산을 잘 집행하고 최대한의 이익을 거두는 것보다 훨씬 더 많은 의미를 지닌다. 물론 예산 집행과 이익 창출도 당신이 조직의 리더로서 신경 써야 하는 중요한 부분이다. 물론 직원들의 적극적이고 자발적인 참여를 높이면 재무성과도 더 좋아질 것이다. 그러나 숫자에 집중하는 일이 당신이 하는 일의 궁극적 목표는 되지 말아야 한다는 게 우리 생각이다.

UCLA 헬스시스템의 최고경영자 데이비드 파인버그는 이렇게 말한다.

우리는 사람을 돌보는 비즈니스에 몸담고 있습니다. 의사, 간호사 또는 청소부 등 누구라도 직책에 관계없이, 다음 환자를 돌보기 위해 매일 출근한다는 공통의 목표를 신봉하고 실행해야만 합니다.

이것은 결국 이 책의 핵심 내용과 일치한다. 조직 내에 적극적이고 자발적인 참여문화를 구축하는 것이 리더인 당신이 믿기 힘들 정도로 강력한 유산을 남길 수 있는 방법이다. 당신이 함께 일하는 사람들의 삶의 현재 그리고 미래에 긍정적인 영향을 미칠 수 있는 길이다. 기억하라, 우리는 환자들에게 더 나은 경험을 선사할 수 있는 방안을 마련하고자 이 책을 썼다. (그리고 이런 도발적인 제목을 사용했다.) 결국 우리가 의료계에 종사하게 된 근본 동기가 그것 때문 아닌가.

CIQ 측정하기

여기까지 우리와 함께한 당신은 우리가 직원몰입도, 즉 적극적이고 자발적인 참여를 이끌어 낼 수 있는 조직문화를 구축하는 방법에 대해 여러 가지 주제를 다뤘다는 점을 알 수 있을 것이다. 그런데 당신의 조직은 지금 어떤 상태에 있는가? 책을 읽으면서 '어, 우리도 그렇게 하고 있지.' '우리 조직하고 비슷하네.'라고 고개를 끄덕이고 있는가? 정말 그런가? 확실한가? 가슴에 손을 얹고 객관적인 시각으로 상황을 바라보자. 실제로 직원들에게 회사가 직원몰입도 고취에 얼마나 힘쓰고 있는지 묻는다면 어떻게 될까?

직원들이 주는 점수가 당신이 예상하는 점수와 같을까?

당신에게 도움을 줄 수 있는 자기 진단 도구를 우리가 준비했다. 당신의 CIQ^{Culture IQ™, 문화 지능지수}가 어느 정도인지 알 수 있는 방법이다. 직원들의 몰입도가 어느 정도일까 하고 그저 추측하기보다는 간편하고 효과적인 도구를 사용해 당신의 조직이 몰입도와 관련해 실제로 어느 수준에 있는지를 알아낼 수 있다.

5분 정도 시간을 내서 다음 열 개의 항목을 읽은 후 점수를 매겨 보고 다른 사람들에게도 똑같이 해 보도록 하라. (열 개의 질문을 읽다 보면 어디서 본 듯한 느낌이 들지도 모른다. 각 질문은 당신이 읽은 각 장의 내용을 어느 정도 반영하고 있다.) 각 질문에 대해 가장 낮은 1부터 가장 높은 10까지 점수를 매겨 보라.

1 = 우리는 이 부분에 형편없음.
5 = 올바른 방향으로 나아가고 있음.
10 = 기막히게 잘하고 있음.

각 질문에 대한 점수를 합치면, 그게 당신의 CIQ가 된다. 자, 해 보자!

1. 우리의 의사 결정 과정에는 핵심 가치가 깊이 각인되어 있다.

2. 직장에서 즐겁고 재미있게 일한다.

3. 직원들의 사생활에 관심을 갖고 있음을 보여 줄 수 있는 시스템을 제대로 갖추고 있다.

4. 능력뿐만 아니라 일에 적합한 사람을 고용한다.

5. 부적절한 사람은 신속하고 적절하게 조직에서 내보낸다.

6. 직원들이 개인적으로 지역 봉사활동에 관여한다.

7. 규칙적으로 직원몰입도를 측정하고 실행 계획을 설립하며 그에 따른 결과를 함께 공유한다.

8. 확고한 직원 인정 및 포상 제도를 운영한다.

9. 직원들의 성장과 교육을 위해 매진한다.

10. 직원들은 여기서 일하는 이유가 단지 직업이기 때문이 아니라 그 이상의 목표가 있기 때문이라고 생각한다.

자, 이제 점수를 모두 더한 후 결과 평가를 위해 다음 설명을 참고하기 바란다.

0–30: 직종 변경을 고려하라.

31–50: 걱정 마라, 희망이 있다.

51–75: 올바른 길로 가고 있다. 계속 그렇게 밀고 나가라!

76–90: 당신은 특별한 사람이다. 계속 그렇게 하라!

91–100: 정말? 당신의 말을 믿어 보도록 하겠다.

당신의 CIQ 결과를 조직에 적용해 강력한 효과를 얻고 싶다면 거짓 없이 점수를 매겨야 한다. 만약 총점이 0에서 30 사이라면 다시 한번 해 보라. 혹시 자신의 조직에 너무 엄격한 잣대를 들이댄 건 아니었나? 90점 이상을 받은 사람들도 마찬가지다. 당신의 조직이 그렇게 대단하다면 우리가 왜 한 번도 그 이름을 들어 보지 못했을까? (좋다, 어쩌면 당신의 조직이 정말로 그 정도로 훌륭할 수도 있다. 그렇다면 연락하며 친하게 지내자.)

동료들이 어떤 점수를 줬는지 알고 싶다면 우리가 부록에 제시한 샘플 테스트를 마음껏 복사해서 사용하기 바란다. 아니면 온라인 http://patientscomesecond.com에서 해 볼 수도 있다. 거기에는 다른 조직에서 얻은 결과도 게시할 예정이니 당신과 당신의 팀이 얻은 점수를 다른 사람들의 점수와 비교해 볼 수 있다. 누구나 약간의 경쟁은 즐기지 않는가?

CIQ 같은 도구 사용에 있어 더욱 중요한 점은, 이런 도구의 활용이 당신과 동료들로 하여금 틀을 깨고 나갈 수 있게 해 준다는 것이다. 전과 다르게 생각할 수 있게 해 주고 모든 사람들이 생각하는 자기 할 일에 대해 다시 한번 돌아보게 만든다. 당신이 함께 일하는 사람들, 그리고 그들을 움직이는 힘에 대해 진정으로 이해할 수 있는 기회를 잡을 수 있게 해 준다. 그러면 최고의 대가를 얻을 수 있다. 도움이 필요한 사람들에게 의미있는 의료서비스를 제공하고 월급봉투보다 훨씬 더 소중한 성취감을 얻을 수 있다. 설사 그렇다 하더라도 우리가 이 책에서 언급한 그런 문화를 다른 사람들을 위해 구축하지는 말아라. 자기 자신을 위해서 해야 한다. 그리하면 당신과 당신의 환자들이 큰 기쁨을 누릴 것이다.

그렇다, 우리를 둘러싼 상황이 바뀌고 있다. 하지만 만약 이런 변화를 위기가 아닌 기회로 바라볼 수 있다면 어떨까? 하트포드 헬스케어의 최고경영자 엘리엇 조셉은 이렇게 말한다.

지금이 내 경력에 있어 가장 흥미진진한 시기임에 틀림없다. 반면에 내 주위에는 지금이 가장 불확실한 시기라고 생각하는 동료들도 많다는 걸 안다. 나는 지금이 대단한 기회를 잡고 엄청난 흥분을 맛볼 수 있는 역사적인 순간이라는 쪽을 택하겠다.

　　과연 이 길고 힘든 모험을 떠나야 할지를 놓고 당신이 걱정할지도 모른다는 점을 우리도 이해한다. 하지만 군이 당신 혼자 모험을 할 필요는 없다. 우리가 이 책을 쓰면서 세운 목표 중에는 의료계의 직원몰입도 고취라는 주제에 관해서 대화를 활성화하고 진전시켜 줄 공동체의 구축도 포함되어 있다. 더 많은 정보를 얻고 싶다면 언제든 우리 웹사이트를 방문해서 친구가 될 만한 다른 리더들을 찾아보라. 아니면 우리에게 전화를 해도 좋고 메일을 보내도 좋다. 당신의 질문이나 얘기를 기쁜 마음으로 받아들일 뿐만 아니라 바로 답장하겠다는 약속도 드린다.

　　우리 모두는 한배를 타고 있다. 당신도 우리와 함께하기를 진심으로 바란다. 여행을 즐기는 마음으로 모험을 떠나자. 재미난 여행이 되리라 확신한다.

자신의 CIQ 점수

다음의 각 항목마다 1에서 10까지 점수를 매기시오.

1. 우리의 의사 결정 과정에는 핵심 가치가 깊이 각인되어 있다. ┈┈┈┈ [ ]

2. 직장에서 즐겁고 재미있게 일한다. ┈┈┈┈ [ ]

3. 직원들의 사생활에 관심을 갖고 있음을 보여 줄 수 있는 시스템

   을 제대로 갖추고 있다. ┈┈┈┈ [ ]

4. 능력뿐만 아니라 일에 적합한 사람을 고용한다. ┈┈┈┈ [ ]

5. 부적절한 사람은 신속하고 적절하게 조직에서 내보낸다. ┈┈┈┈ [ ]

6. 직원들이 개인적으로 지역 봉사활동에 관여한다. ┈┈┈┈ [ ]

7. 규칙적으로 직원몰입도를 측정하고 실행 계획을 설립하며 그에

   따른 결과를 함께 공유한다. ┈┈┈┈ [ ]

8. 확고한 직원 인정 및 포상 제도를 운영한다. ┈┈┈┈ [ ]

9. 직원들의 성장과 교육을 위해 매진한다. ┈┈┈┈ [ ]

10. 직원들은 여기서 일하는 이유가 단지 직업이기 때문이 아니라

    그 이상의 목표가 있기 때문이라고 생각한다. ┈┈┈┈ [ ]

0–30: 직종 변경을 고려하라.

31–50: 걱정 마라, 희망이 있다.

51–75: 올바른 길로 가고 있다. 계속 그렇게 밀고 나가라!

76–90: 당신은 특별한 사람이다. 계속 그렇게 하라!

91–100: 정말? 당신의 말을 믿어 보도록 하겠다.

환자는 **두** 번째다

Patients Come Second

이 책이 나오기까지 여러모로 도와주신 많은 분들께 감사드린다. 먼저, 우리의 메시지를 널리 전파하자는 신념 아래 진행했던 그 많은 토요일 아침의 워크 세션과 전화 회의를 통해 서로 의견을 맞추어 가는 순간순간이 얼마나 즐거웠는지 모른다. 장황하고 앞뒤가 맞지 않는 부분들을 이해하기 쉬운 문체로 다듬어 준 대런 달^{Darren Dahl}에게 진심으로 감사드린다. 이 프로젝트에 이해와 지지를 보내 준 아이들과 아내에게도 고마움을 표하고 싶다. (물론 주로 가족들이 잠든 틈을 타 작업하려고 노력하긴 했지만.) 끝으로 '직원만족이 고객만족으로 이어진다는 사실을 거듭 일깨워 준 성실하고 헌신적인 직원들에게 누구보다 고마운 마음을 전한다.

저자 소개

브릿 베렛 Britt Berrett

브릿 베렛은 텍사스 헬스 장로병원의 책임자였다. 약 900병상을 갖춘 이 병원은 텍사스 의료자원 네트워크 Texas Health Resources(THR) network 에 속해 있다. 2010년 THR에 있기 전에는 미국 최대 병원체인 HCA의 북 텍사스 지역 중심 병원인 메디컬시티 및 메디컬시티 어린이병원의 책임자이자 최고경영자로 일했다. 캘리포니아 샌디에이고 샤프 병원 SHARP Healthcare System 의 최고경영자로 재직하기도 했다.

20년 넘게 비영리 및 영리 의료기관의 책임자로 잔뼈가 굵는 동안 브릿은 환경적으로 어려운 요인들이 복잡하게 얽혀 있는 병원 실무를 두루 섭렵했다. 병원과의 인연은 시애틀의 하버뷰병원 Harborview Hospital 화상병동에 입원했던 학창 시절로 거슬러 올라간다. 건강을 회복하는 과정 내내 이 병원 직원들이 혼연일체가 되어 헌신적으로 돌봐 줬던 모습은 아직까지도 브릿의 가슴속에 고마움으로 자리 잡고 있다.

그는 1980년대에 나갔던 페루 선교활동을 통해 환자에게 특별한 경험을 제공하는 일은 서로 조화롭게 열과 성을 다하는 직원들이 한 팀을 이루어야만 가능하다는 사실을 깨달았다. 선교활동을 마친 후 브리검영대학교^{Brigham Young University}에서 재무관리를 공부하고 세인트루이스에 있는 워싱턴 의대^{Washington University School of Medicine}에서 보건학 석사과정을 마쳤다. 여기에 그치지 않고 댈러스에 있는 텍사스대학교^{University of Texas}에서는 경제, 정치, 정책 부문에서 박사학위를 받았다. 그는 주로 전략적 계획 측면에서의 리더십이론을 중심으로 연구했다.

브릿은 경영자로서 뛰어난 업무 성과를 거두고 인정받았다. 메디컬시티는 미국간호사인증센터^{American Nursing Credentialing Center}가 우수병원^{Magnet hospital}으로 지목한 북 텍사스 최초의 병원이었고, THR은 〈댈러스비즈니스저널〉로부터 최고의 직장이라는 찬사를 받기도 했다. 그는 팀과 조직문화에 활력을 불어넣어 대단한 성공을 거뒀다.

그러는 과정에서 브릿은 이 책의 공동저자 폴 슈피겔만과 만나게 되었고 이후 두 사람은 국내 및 해외를 대상으로 팀 역학과 조직문화에 대해 얘기해 오고 있다. 브릿은 활발하고 호감이 가는 스타일로, 자신의 다양한 개인적 경험담을 솔직하고 적극적으로 풀어내면서, 보이스카우트 리더 모임부터 사우디아라비아의 병원 경영진에 이르기까지 다양한 대상들에게 조직의 우수성을 키우는 방법을 설파하고 있다. 또한 여러 조직과 수많은 대학에서 초청강사로도 활약하고 있다.

현재 아내인 로리와 세 자녀 켈시, 브래드, 그레이시와 함께 살고 있다.

저자 소개

폴 슈피겔만 Paul Spiegelman

폴 슈피겔만은 베릴 컴퍼니즈Beryl Companies의 설립자이자 최고경영자다. 베릴 컴퍼니즈는 병원과 고객 사이의 관계 개선을 위해 환자경험의 기술적 접근에 주력하는 베릴헬스Beryl Health, 의료계 환자경험을 향상시키려는 선구자적인 리더 입장에서 국제사회를 대상으로 운영하는 회원 기구인 베릴 인스티튜드Beryl Institute, 직원몰입을 강화하고 긍정적인 직장문화를 조성할 수 있도록 경영자들을 도와주는 훈련 기관인 서클Circle, 가치 중심의 경영 원리를 추구하는 경영자들의 국가를 초월한 조직체인 작은 거인 모임Small Giants Community이 포함되어 있다.

1985년, 폴은 두 형제들과 함께 누구의 도움도 없이 작은 방에 침상 하나를 놓고, 1년 365일, 하루 24시간 일하며 의료계에 첫발을 내딛었다. 이때부터 그는 어떻게 하면 환자경험을 향상시킬지에 대해 늘 열중해 왔다. 그의 이런 마음은 UCLA 소아암병동에서 자원봉사활동을 했던 경험이 크게 작용했다.

사업을 꾸려 가는 과정에서 그는 고객을 만족시키는 지름길은 성실하게 업무에 몰입하는 직원들을 구성하고 그들의 삶의 질을 높이기 위해 노력하는 데 있다는 사실을 깊이 절감했다.

여태껏 750여 개가 넘는 의료업체를 대상으로 독창적인 인간 중심문화를 정착시키는 데 앞장서 왔으며, 그의 조직은 굉장히 높은 직원 및 고객 보유율을 지속하고 있다. 베릴헬스는 '최고의 일터best place to work' 왕관을 아홉 번이나 차지했으며, 2010년에 폴은 언스트앤영 올해의 기업인 상Ernst & Young Entrepreneur of the Year을 수상하는 영예를 안았다. 그는 베릴헬스를 창립하기 전 2년 동안 법률가로 일했다. UCLA대학에서 역사학 학위를 받았고 사우스웨스턴대학Southwestern University 로스쿨을 졸업했다.

현재 폴은 임원리더십, 기업가정신, 기업문화, 고객관계, 직원 몰입 등에 정통한 저자이자 강사로 한창 주가를 올리고 있다. 〈엔트러프러너Entrepreneur〉, 〈댈러스모닝뉴스The Dallas Morning News〉, 〈잉크매거진Inc. Magazine〉, 〈헬스케어 파이낸셜 매니지먼트Healthcare Financial Management〉, 〈리더십 엑설런스Leadership Excellence〉 등 여러 저명한 잡지에 그의 글이 소개되었음은 물론이거니와, 첫 번째 저서인《왜 모든 사람들이 웃고 있나요?Why Is Everyone Smiling?》는 여러 나라에서 출간되기도 했다.

폴과 이 책의 공동저자인 브릿 베렛은 10년 전부터 서로 직장문화와 직원몰입이라는 공통 관심사를 바탕으로 친분을 쌓아 왔다. 수년에 걸친 토론과 실행 끝에 의료계 안팎의 여러 사람들과 의견을 공유하기로 뜻을 모았다. 브릿이 더 활달한 성격이긴 하나, (회사 비디오 판독 결과) 춤만큼은 자신이 더 낫다고 자부하는 폴은 브릿과의 공동 작업에 매우 만족해하고 있다.

paulspiegelman.com을 방문하면 폴에 대한 더 자세한 내용을 알 수 있다.